融媒体版

婴幼儿保育与教……

0~3岁婴幼儿情绪与社会性发展及培育

0~3SUI YINGYOU'ER QINGXU YU SHEHUIXING FAZHAN JI PEIYU

主 编 李焕稳

随文扫码
获取资源

北京师范大学出版集团
BEIJING NORMAL UNIVERSITY PUBLISHING GROUP
北京师范大学出版社

图书在版编目（CIP）数据

0–3岁婴幼儿情绪与社会性发展及培育／李焕稳主编．—北京：北京师范大学出版社，2023.1

（婴幼儿保育与教育指导丛书／刘馨主编）

ISBN 978-7-303-28356-9

Ⅰ．①0…　Ⅱ．①李…　Ⅲ．①幼儿教育－教育心理学－研究　Ⅳ．①G44

中国版本图书馆CIP数据核字（2022）第242672号

教材意见反馈： gaozhifk@bnupg.com 010–58805079
营销中心电话： 010–58802755 58801876

出版发行：北京师范大学出版社 www.bnupg.com
北京市西城区新街口外大街12–3号
邮政编码：100088
印　　刷：北京溢漾印刷有限公司
经　　销：全国新华书店
开　　本：787mm×1092mm　1/16
印　　张：11.5
字　　数：169千字
版　　次：2023年1月第1版
印　　次：2023年1月第1次印刷
定　　价：42.00元

策划编辑：于晓晴　　责任编辑：赵鑫钰
美术编辑：焦　丽　　装帧设计：焦　丽
责任校对：陈　荟　　责任印制：陈　涛

丛书序

学前教育是一项伟大、神圣而又十分广阔的事业。在所有学段中，学前教育是基础教育的启蒙阶段，更是人一生发展的奠基阶段；它不仅涉及学前教育机构的教育，也包括家庭教育和社会教育。

从学前教育的研究对象及内涵来看，目前基本达成共识的阐释是联合国教科文组织 1981 年在法国巴黎召开的国际学前教育协商会议中提出的。学前教育被界定为："能够激起从初生至小学的儿童（小学入学年龄因国家不同而有所差异，一般为 5~7 岁）的学习愿望，给他们学习体验且有利于他们整体发展的活动总和。"此次会议还进一步明确提出，学前教育的关注与研究对象是贯穿整个学龄前阶段的儿童，包括初生的婴孩。

随着脑科学、心理学、社会学和教育学等领域研究的不断深入与发展，越来越多的研究表明，儿童的早期体验、早期经验和早期发展不仅关系到儿童当前的成长和幸福，而且会对其一生的发展产生重要而深远的影响。0~3 岁是人生的开端，是个体发展的重要时期和奠基阶段。把教育的视线延伸至儿童出生（甚至更早）的那一刻，重视儿童的早期发展，已成为当今国际社会的共识，也是学前教育改革与发展的重要趋势。

自 20 世纪六七十年代开始，一些国家逐步将 0~3 岁儿童的早期发展与教育纳入政府主导或支持的公共服务体系之中，如美国、瑞典、法国、新西兰、英国、加拿大、日本、韩国等。政府加大支持力度，针对贫困人群开展了支持儿童早期发展的国家行动，为 0~3 岁儿童提供免费的早期保育与教育服务。21 世纪以来，联合国教科文组织、联合国儿童基金会、经济合作与发展组织等国际组织先后对一些国家的儿童早期发展政策及实践效果进行了分析与评估，其研究结果表明，开展高质量的 0~3 岁儿童早期发展与教育项目具有巨大的社会效益和经济效益。

近年来，我国政府也将 0~3 岁儿童早期教育工作纳入了国家决策议程，并进入了实施阶段。从 2001 年国务院印发《中国儿童发展纲要（2001—2010 年）》，明确提出要“发展 0—3 岁儿童早期教育”“建立并完善 0—3 岁儿童教育管理体制”，到 2010 年《国家中长期教育改革和发展规划纲要（2010—2020 年）》中强调要“重视 0 至 3 岁婴幼儿教育”、2011 年《中国儿童发展纲要（2011—2020 年）》中进一步强调要“促进 0—3 岁儿童早期综合发展”“以幼儿园和社区为依托，为 0—3 岁儿童及其家庭提供早期保育和教育指导”“加快培养 0—3 岁儿童早期教育专业化人才”，以及 2013 年教育部在部分地区启动 0~3 岁婴幼儿早期教育试点，再到 2019 年《国务院办公厅关于促进 3 岁以下婴幼儿照护服务发展的指导意见》的出台以及国家卫生健康委颁布《托育机构设置标准（试行）》和《托育机构管理规范（试行）》等重要文件，这些均显示出国家正在从政策和管理层面积极推进和落实 0~3 岁儿童早期教育指导工作和托育工作。

当前，我国一些地区已经开展了面向 0~3 岁儿童和家庭的儿童早期教育指导工作。随着各地政府对 0~3 岁婴幼儿托育工作的积极推进，面向低龄幼儿的托育机构也逐渐增多。

儿童的健康成长关系到人类的未来，关系到千家万户的幸福。科学、适宜的儿童早期教育需要素质高、专业性强的保教人员和管理者，也需要爱儿童、懂儿童、会科学育儿的家长。为了满足我国 0~3 岁儿童早期教育指导和托育工作的需要，支持相关行业从业人员的培养与培训，也为了更好地服务于婴幼儿家长，北京师范大学出版社特邀京津两地从事 0~3 岁儿童早期教育研究和实践的多名专家组成了“婴幼儿保育与教育指导丛书”的研究与编写团队。其中既包括从事 0~3 岁儿童早期发展与教育研究的高校教师和从事早期教育指导工作的区级教研员，也包括具有丰富实践经验的负责儿童保健与疾病防治工作的医务工作者，还包括来自一线、多年从事 0~3 岁儿童早期教育指导和托育工作的保教人员与管理者等。我们致力于将科学、适宜的儿童早期教育理念与专业理论知识、实践指导有机结合，更好地提升儿童早期教育工作者和管理者的专业素养、专业知识与实际操作能力，提高家长科学育儿的能力。

本套丛书从0～3岁婴幼儿身心发育与发展的年龄特点出发，围绕0～3岁婴幼儿的生活照护、卫生保健、发展与促进以及早期教育机构的组织与管理展开，构建成三大模块的内容体系，计划包括10余册。

第一个模块为“婴幼儿养育基础”。该模块包括《0～3岁婴幼儿生长发育与心理发展概论》《0～3岁婴幼儿营养与喂养》《0～3岁婴幼儿日常照护》等。

第二个模块为“婴幼儿教育指导”。该模块包括《0～3岁婴幼儿动作发展及教育》《0～3岁婴幼儿认知与语言发展及教育》《0～3岁婴幼儿情绪与社会性发展及培育》《0～3岁婴幼儿艺术启蒙教育》等。

第三个模块为“早期教育机构的组织与管理”。该模块包括《早期教育指导机构组织与管理》《托育服务机构组织与管理》等。

真诚地期望本套丛书能满足正在从事或即将从事0～3岁儿童早期教育指导和托育服务工作的保教人员和管理者的专业学习、教研与培训的需求，能为广大婴幼儿家长及关心儿童发展事业的社会工作者提供科学育儿和专业发展方面的支持与帮助。

刘　馨

于北京师范大学

随着《国务院办公厅关于促进3岁以下婴幼儿照护服务发展的指导意见》的颁布，近年来，全国诸多省、区、市陆续发布了促进3岁以下婴幼儿照护服务发展的实施意见。2021年1月，国家卫生健康委颁布《托育机构保育指导大纲（试行）》，这使得0～3岁婴幼儿的高质量照护有了更具体的政策依据。而托育照护人才的短缺及相关人才培养与培训的不健全已成为制约托育事业发展的关键因素。为此，国家在职业教育领域调整了婴幼儿托育服务与管理专业和保育专业的培养计划，以满足社会对高质量托育机构照护者的需求。《托育机构保育指导大纲（试行）》明确规定了0～3岁婴幼儿的保育重点包括营养与喂养、睡眠、生活与卫生习惯、动作、语言、认知、情感与社会性七大方面。但是在许多托育机构中，无论是管理者还是照护者，对前面几个方面比较关注，而对情感与社会性方面并不重视。因此，加强在情感与社会性方面的培养与培训，有助于提升从业者的专业素养，更有利于为婴幼儿提供高质量的照护，促进婴幼儿的全面发展。

本书以《托育机构保育指导大纲（试行）》等文件精神为指导，在吸收婴幼儿情感与社会性相关领域研究成果的基础上，本着基本理论以必需、够用为度，指导策略以适用为度的基本原则进行编写，从婴幼儿发展的不同阶段入手，根据学习者的认知规律——是什么、怎么做——确定结构，每一章的章节层次简明易懂。本书分为五章，分别介绍了婴幼儿情绪与社会性发展的基本问题，0～3岁各年龄段婴幼儿情绪与社会性的发展特点、培育要点与培育策略，以及托育机构中婴幼儿情感与社会性教育活动的设计与实施等。

本书既可用于托育机构、早期教育指导机构中，又可用于对相关社区服务中心工作者的培养、培训中，还可为幼儿保育、婴幼儿托育、早期教育等专业的课程教学提供参考。

具体编写分工如下：天津师范大学学前教育学院李焕稳负责第一、第二、第五章的编写；天津师范大学学前教育学院庞泰梅负责第三章的编写；天津市幼儿师范学校附属幼儿园赵颖颖负责第四章的编写。天津市贝格尔国际托育中心、天津恺尔贝贝托育服务中心、天津市华夏未来优咪家园等为本书提供了多种媒体素材。全书由李焕稳统稿。

在编写过程中，本书参阅、借鉴、引用了许多国内外学者、专家的最新研究成果，托育机构的活动案例，也借鉴、参考了诸多同类教材，在此一并表示感谢。

由于编写人员的水平有限，若书中有疏漏之处，恳请广大读者批评、指正，以便于改进、修正。

编　者

2022 年 10 月

目录

开篇情境

孩子刚刚出生，最能打动父母心的是孩子的第一声啼哭！随着日子一天天过去，孩子慢慢长大，他们用各种表情、动作、声音与父母或其他养育者互动着、交流着，感情的纽带连接得更紧密。

你能听得出孩子哭声的不同吗？

你记得他们是什么时候笑出声来的？

你是否曾被孩子安睡时的微笑深深打动？

你是否曾因孩子的号啕大哭而不知所措？

你是否曾因他们的调皮和叛逆而头疼不已？

你是否在把孩子送到托育机构时百般不舍？

如果你能感知和读懂他们的喜悦、悲伤、恐惧与焦虑，感受到他们的需要，正确地回应孩子，那么你将会成为很好的养育者或照护者。

让孩子获得安全感、尊重与爱，是养育者和照护者的重要职责。虽然孩子可能听不懂、说不出来，也缺少自我服务的能力，但养育者和照护者的关爱他们都能感受到。我们用爱来帮助孩子健康成长，他们也将会在爱的呵护下学会去爱。

孩子不仅是父母和家庭的孩子，他们也在逐渐走向社会，走向未知的世界，终有一天要独立、勇敢地面对一切，而他们在早期生活中形成的亲密关系、学会的待人接物的方式、养成的行为习惯是影响他们未来学习与发展的重要基石。养育者和照护者在全心全意地养育孩子的同时，还要关注孩子的情绪与社会性发展，如此才能促进孩子的全面发展。

第一章　婴幼儿情绪与社会性发展概述

通过学习本章，你将可以：

1. 了解情绪与社会性的基本概念以及影响其发展的因素。

2. 了解情绪与社会性发展相关理论的基本观点，并结合实际加以应用。

一、婴幼儿情绪与社会性发展的特点、意义及影响因素

人类个体从出生时起就是社会性的存在。婴幼儿被包围在各种社会刺激和社会关系之中，发展着情绪与社会性。为了促进婴幼儿的全面发展，养育者和照护者[①]应了解、掌握婴幼儿情绪与社会性发展的基本规律和特点。

（一）婴幼儿情绪与社会性发展的特点与意义

1. 情绪、情感及社会性的含义

（1）情绪、情感

情绪、情感是人在客观事物是否满足自己需要的基础上产生的态度体验，是与认识活动相伴随的一种心理活动。儿童出生后即产生的情绪表现称为原始的情绪反应。原始情绪有怕、怒和爱。不同民族的婴儿有共同的基本面部表情模式，说明原始情绪是人类进化的产物。初生婴儿的原始情绪是笼统、不分化的，随着

---

① 本书中，养育者指家庭中的教养人，照护者指机构中的工作者。

年龄增长和生理成熟，情绪逐渐分化，2 岁左右已出现各种基本情绪。

心理学上把人的基本情绪分为四大类：喜，怒，哀，惧。原始情绪是否产生和生理需求是否满足有直接关系，而基本情绪则不一定。原始情绪是笼统的、概括化的，基本情绪是更为具体的、分化的。正是这些由简单到复杂的情绪形成了个体的情感，因此，情感是人特有的、高级的、复杂的情绪。情感是建立在情绪基础上的一种内心的体验。心理学者认为，情绪和情感都具有社会性，在婴幼儿的日常生活中并无严格的区分。本书考虑到 3 岁前婴幼儿的心理发展具有无意性和不稳定性，社会生活体验有限，较为复杂的社会情感还没有形成，因此使用“情绪”一词综合性地表达“情绪、情感”的意思。

（2）社会性

社会性是指社会中的个体为适应社会生活表现出来的心理和行为特征，是人在社会生活过程中形成的全部社会特征的总和。它与个体的生物性相对，是人在社会实践活动中获得的属性。社会性的概念有广义和狭义之分。

广义的社会性是指因人的社会存在而获得的一切特性。就个人的社会性而言，一般可分为两类。一类是因出生时所处的既定历史条件和社会关系（如家庭出身、籍贯、居住地等）而获得的先赋社会性；另一类是通过自身的学习、创造而获得的后生社会性，如随着婴幼儿年龄的增长，教育者要求他们有礼貌地和他人打招呼，经过不断的练习，有礼貌地和他人打招呼就变成了婴幼儿的交往习惯。

狭义的社会性是指个体在掌握社会规范、形成社会技能、学习社会角色的社会化过程中产生的心理特征。①

社会性发展又称社会化。人的社会化是极其复杂的过程，它是在个体与社会群体、儿童集体以及同伴的相互作用、相互影响的过程中实现的。通过学习社会生存所需的知识、技能和社会规范，个体发展着自己的社会性，获得融入社会生活的能力。人的这种社会化过程既是通过融入社会环境、加入社会关系系统的途径以获得社会经验的过程，也是对社会关系系统的积极再现的过程。社会化是贯

---

① 周梅林：《学前儿童社会教育活动指导（第二版）》，2 页，上海，复旦大学出版社，2009。

通人的一生的连续过程。

2. 婴幼儿情绪与社会性发展的特点

（1）从简单到复杂

①情绪逐渐丰富化。初生婴儿的情绪基本都是由生理性因素引发的，其产生是一种原始的、本能的反应，反映机体当时的内部状态、生理需要。婴儿不同的情绪出现的时间是不同的。我国学者周念丽认为，婴儿的情绪分化可以分为三个阶段。第一阶段（出生到一周），出现痛苦、厌恶、快乐、好奇的情绪；第二阶段（1～4 个月），出现愤怒、悲伤、惧怕的情绪；第三阶段（6～9 个月），出现惊奇、害羞的情绪。同时，情绪指向对象越来越多，并从最初只反映简单的生理需求发展到之后的反映人际交往的需求等。

加拿大心理学家布里奇斯等研究者认为，0～2 岁婴幼儿的情绪分化大致呈现出如下的趋势，如图 1–1。布里奇斯认为，新生儿的情绪只是一种弥散性激动，未分化。通过成熟与学习，各种不同性质的情绪才逐渐分化出来。3 个月时，分化为快乐、痛苦两种情绪；6 个月时，痛苦又进一步分化为愤怒、厌恶、害怕三种情绪；12 个月时，快乐又分化出高兴和喜爱。

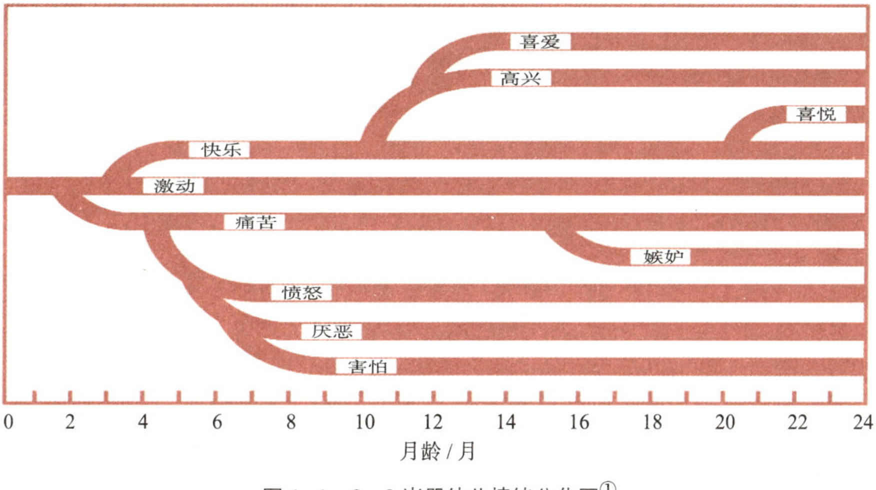

图 1–1　0～2 岁婴幼儿情绪分化图①

① 李丹：《儿童发展心理学》，384～385 页，上海，华东师范大学出版社，1987。

②情绪逐渐社会化。婴儿自降生起，即进入人类社会环境中，就在人际交往中实现着情绪的社会化。在个体心理发展过程中，情绪社会化是儿童社会化的重要组成部分。具体表现如下。情绪中的社会性交往成分不断增加，如婴儿最初只在自己玩得高兴时笑，之后会对养育者、照护者或同伴笑；引起情绪反应的社会性动因不断增多，如婴儿在被限制自主吃东西或被限制自由行走时会愤怒、生气等，没有人关注或陪伴时也会不愉快；情绪的表达社会化，如 2 岁左右的幼儿会调节自己的情绪，在父母面前和他人面前摔倒时情绪是不一样的。

（2）从被动到主动

①情绪逐渐稳定化。在日常生活中，婴幼儿往往因某种外来的刺激而非常兴奋、冲动，会大哭大闹，短时间无法平静下来。婴幼儿情绪的冲动和他们大脑皮质的兴奋易扩散，以及皮质对皮下中枢的控制力发展不足有关系。随着神经系统的成熟和语言的发展，婴幼儿对自己的情绪有所控制，情绪的冲动性逐渐降低，情绪的稳定性逐渐提高。

②自控能力逐渐增强。2 岁幼儿就开始出现自我控制，但自我控制的能力是有限的，需要成人的语言和行为来调控自身的社会行为。具体表现为，2 岁之前的婴幼儿听话，能遵从于成人的要求；2~3 岁的幼儿随着自我意识的进一步发展、行动与语言能力的增强，表现出执拗和逆反，独立性明显提高。其社会性发展呈现出由被动到主动的趋势。（图 1–2）

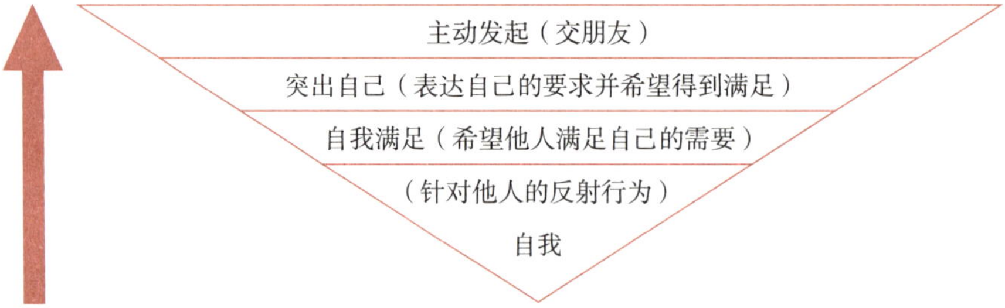

图 1–2　社会性发展阶段[①]

① ［美］芭芭拉·安·尼尔森：《一周又一周——儿童发展记录（第三版）》，叶平枝、孟亭含等译，159 页，北京，人民教育出版社，2011。

（3）从少到多

①交往范围不断扩大。0～3 岁婴幼儿虽然主要与其父母等养育者或亲密的照护者交往，但事实上也已经开始了与同伴的交往，并在交往中显现出社交方式和社会接受性方面的差异。同时，随着婴幼儿认知能力的提高、活动范围的扩大，主动探究的兴趣不断提高，与同伴交往的时间越来越长，同伴交往在其生活中所占的比例越来越大，并对婴幼儿情绪与社会性发展起到日益重要的作用。

②社会性行为逐渐增多。根据行为动机和目的，可以将个体的社会性行为分为亲社会行为和反社会行为两大类。其中，亲社会行为是指对他人有益或对社会有积极影响的行为，包括分享行为、合作行为、助人行为等。合作行为是指两个或两个以上个体为达到共同的目标而协调活动，以促进一种既有利于自己又利于他人的结果出现的行为。1.5～2 岁的幼儿比 0～1.5 岁的婴幼儿表现出更多的与同伴和成人交往的愿望，产生更多的合作倾向。婴幼儿的助人行为是因期望参与一些成人的活动而表现出的社会互动。随着年龄的增长，婴幼儿的助人行为呈现出不断增多的趋势。分享行为是指个人拿出自己拥有的物品与他人共享，从而使他人受益的行为。婴儿 12 个月时就已表现出分享行为，1～2 岁幼儿的分享行为随年龄增长而增多，2～3 岁幼儿的分享行为随年龄增长而减少。

反社会行为是指为社会所不能接受的行为，是一种消极的社会性行为。在婴幼儿的反社会行为中，最具代表性的是攻击性行为。从攻击性行为的起因来看，婴儿的攻击性行为主要是由争夺物品或空间引起的，由具有社会意义的事件引起的攻击性行为所占比例较小。

特别推荐

《宝宝的神奇世界》

英国纪录片《宝宝的神奇世界》（*Babies: Their Wonderful World*）中邀请了多位英国儿童发展领域的顶尖专家，以英国各地的两千多个家庭为样本，全面探讨了 0～2 岁婴幼儿的心理变化，汇集了相关的研究成果，以揭示成长的复杂性和神奇。

3. 婴幼儿情绪与社会性发展的意义

婴幼儿情绪与社会性发展是婴幼儿全面发展的重要组成部分，其对婴幼儿全面发展的价值主要可以从以下几个方面来理解。

（1）情绪与社会性发展有助于婴幼儿大脑的发展

20 世纪 90 年代以来，脑科学研究不断取得重大进展。多项研究证实，在儿童早期，大脑的发展并非处于纯粹自然的状态，而是在很大程度上受环境和教育的影响与制约，特别是早期环境、教育和学习经验对婴幼儿大脑发育有深刻、长远的影响。图 1–3 呈现了学习对婴幼儿神经元发展的促进作用。

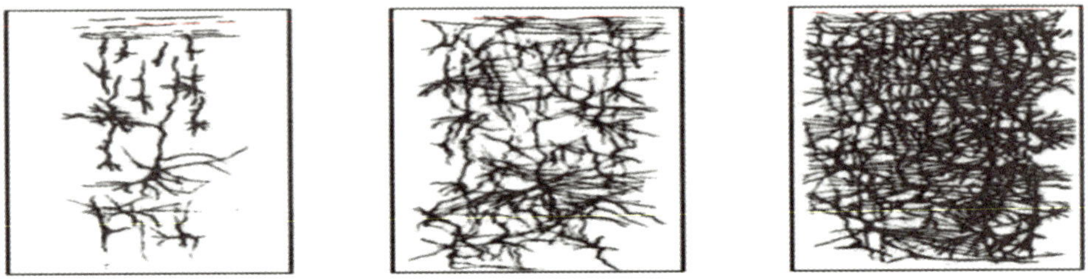

出生时　　3 个月　　15 个月

图 1–3　学习引发的神经元的变化

心理学家罗森茨威格的实验也说明，丰富的人际交往环境更利于脑细胞的发育。

拓展阅读

罗森茨威格的老鼠实验

心理学家罗森茨威格将一批遗传素质一致的老鼠（一窝的老鼠）任意分成三组。第一组老鼠被放置在铁笼子里一起喂养，此为“标准环境”。第二组老鼠被单只地隔离开来，身处三面不透明的笼子里，光线昏暗，几乎没有刺激，此为“贫乏环境”。第三组老鼠被放置在一个大而宽敞、光线充足、设备齐全的笼子里，内有秋千、滑梯、木梯、小桥等“玩具”，此为“丰富环境”。几个月后，罗森茨威格发现，处于“丰富环境”中的老鼠最“贪玩”，处于“贫乏环境”中的老鼠最“老实”。三组老鼠在大脑皮层厚度、脑皮层蛋白质含量、脑皮层与大脑的重量、脑细胞的大小、神经胶质细胞的数量等方面，都存在着明显的差异。“丰富环境”中的老鼠具有明显优势，而“贫乏环境”中的老鼠处于绝对劣势。（图 1-4）

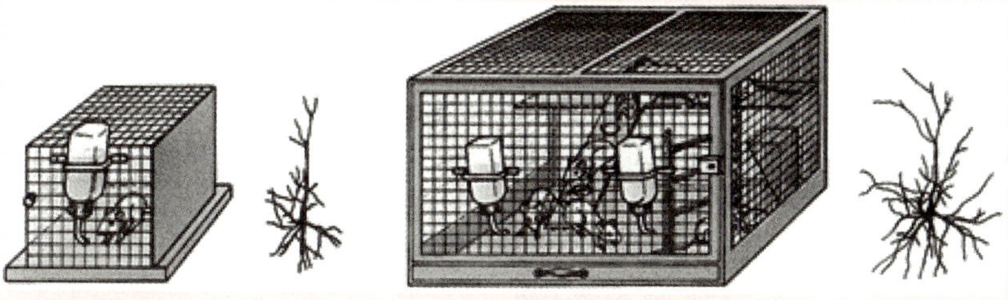

图 1-4　罗森茨威格的老鼠实验

（2）情绪与社会性发展有助于婴幼儿身体的发展

生活在社会环境当中，每个人都接收着来自周围人、事或自身内部的种种信息，这些信息经过大脑的整理和分析，会对我们的情绪、情感产生影响。例如，当一个儿童和其他小朋友和谐相处时，他会感到自己是开心、愉快的。这种开心与愉快可以使呼吸和血液循环加快，带入更多的氧气，使全身的脏器更好地工作，促进婴幼儿骨骼、肌肉等身体层面的生长发育。同时，这种开心与愉快也可以使婴幼儿的内分泌系统处于平衡状态，全身的各种腺体得以正常工作。有研究表明，心平气和的婴幼儿比易生气、烦躁的婴幼儿免疫力更强，更不易患传染病。

与此相反，如果婴幼儿社会性发展不良，不适应周围环境，总是与周围人发生冲突，那么，他很容易闷闷不乐、生气、发火。这会使内分泌系统发生某种程度的紊乱，给婴幼儿的生长发育带来消极影响。有医学研究表明，儿童心情紧张可能会导致呕吐、腹泻、发烧等，长期神经紧张还可能会导致儿童生长发育迟缓。成人疾病中的心脏病、高血压、糖尿病、胃溃疡、慢性肠炎等，也都与神经紧张、焦虑等有关。

拓展阅读

交感神经和副交感神经与情绪的关系

交感神经和副交感神经在机能上具有拮抗作用，如图1-5。一般来讲，人们把交感神经看成机体应付紧急情况的机构。当人们在挣扎、搏斗或产生恐惧、愤怒时，交感神经马上发生作用。比如，加速心脏的跳动；促使肝脏释放更多的血糖，使肌肉得以利用；暂时减缓或停止消化器官的活动，从而动员全身力量以应对危急情况。而副交感神经的作用则相反，它起着平衡作用，抑制体内各器官的过度兴奋，使它们获得必要的休息。而同时，交感神经和副交感神经又是支配消化系统、内分泌系统等的神经。因此，诸多的心身疾病，尤其是小儿科常见的夜惊、功能性遗尿症、异食癖、神经性厌食、口吃、抽动症等与情绪的密切关系就显而易见了。

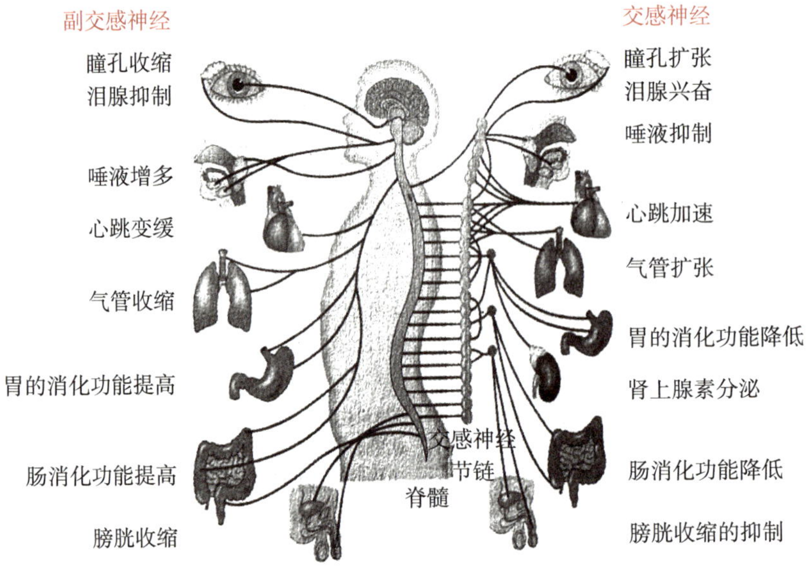

图1-5 交感神经和副交感神经的作用

（3）情绪与社会性发展有利于婴幼儿心智的发展

认知心理学家认为，在人的学习过程中，情绪与认知具有交互的关系。积极的情绪具有动机作用，可以提高注意力和学习意愿，激发婴幼儿产生更多的创造性思考、问题解决的行动力。婴幼儿的兴趣、好奇心等都是推动婴幼儿学习的重要因素。同时，婴幼儿的学习具有很强的无意识性，其中一个突出的特点就是受情绪的影响、制约非常大。不同性质和不同强度水平的情绪对婴幼儿的认知活动起着不同程度的推进或破坏作用，直接影响着智力活动的效果。而平和、愉快是认知活动的最佳情绪背景。

（4）情绪与社会性发展有利于婴幼儿社会适应能力的提高

0~3 岁是个体从“自然人”向“社会人”发展的关键阶段。这一阶段婴幼儿的社会化程度和发展成果对其后续发展有深刻而深远的影响。

情绪与社会性发展得比较好的婴幼儿，其适应能力和自制力都比较强，而适应能力、自制力等心理品质，对一个人的学习和工作都是极其重要的，虽然不能直接提高个体的智力水平，但是能使心智能力得到充分的发挥；情绪与社会性发展得比较好的婴幼儿有更多的机会与教师、同伴交往，从他们那里得到信息，开阔自己的眼界，在与同伴的合作游戏中，提高自己的能力。

哈塔普认为，对婴幼儿未来适应能力的最好预测因素不是智商，不是学业成绩，也不是学校表现，而是同伴交往。那些被同伴拒绝、带有攻击性和侵略性的婴幼儿，不能建立亲密关系的婴幼儿，在同伴中找不到自己位置的婴幼儿，在未来的社会适应中可能会遇到困难，影响其良好个性的发展。

（二）婴幼儿情绪与社会性发展的影响因素

1. 婴幼儿自身因素

（1）生理因素

婴幼儿情绪与社会性的发展是在其生物特性的基础上，个体与社会环境相互作用的结果。婴幼儿情绪与社会性的发展必然受到生理因素的制约。要想了解其中的缘由，可阅读下文“情绪的生理基础”。

拓展阅读

情绪的生理基础

从进化过程来看，情绪的发生是在脑进化的低级阶段出现的。随着种族进化过程的推进，情绪的发生和分化同大脑新皮质的形成和分化是同步地进行着的。和情绪密切相关的生理基础涉及边缘系统、自主神经系统等。

一些情绪受边缘系统的调节和控制。边缘系统是位于大脑半球到间脑并延伸到中脑的一个较大的、非均一的最原始的神经结构，包括丘脑、下丘脑、海马和杏仁核。低等哺乳动物也有这种结构。比如，刺激猫的边缘系统的一部分，恐惧反应消失；刺激连接地区，猫会兴奋，如咆哮、嘶叫、跳扑等。刺激人的边缘系统也会产生类似的反应。

情绪活动过程不同于其他的心理过程，其主要表现为，情绪活动过程中总伴随着一系列的生理变化，也就是说，某种情绪的产生将引起自主神经系统的反应。自主神经系统包括交感神经系统和副交感神经系统。一般而言，交感神经系统引起兴奋活动，副交感神经系统引起抑制活动。

（2）气质

气质是人的心理活动的动力特征，表现为心理过程中力量的强弱、变化的快慢、灵活性和稳定性。

气质使人的全部心理活动都染上独特的色彩。[①]气质不仅具有遗传性，而且具有稳定性及可变性。稳定性指随着儿童年龄的增长，其气质特征总是保持相对稳定性，即儿童在婴幼儿时期表现出来的气质特征可以持续其一生。而可变性指气质并非完全由遗传决定，在环境及父母有意识的教养下，可以发生一定的改变，这种改变及以后的气质类型决定着儿童一生的心理特征。

---

① 王振宇：《学前儿童发展心理学》，132 页，北京，人民教育出版社，2004。

在儿童心理学研究领域，有关儿童气质类型的研究较多。在此，我们根据托马斯和切斯的观点将婴儿的气质分为容易照看型、难以照看型和缓慢发动型这三类。

拓展阅读

婴儿的气质类型

美国儿科医生托马斯和切斯对 100 多名 0~3 个月的婴儿进行了长期的追踪研究，发现这些婴儿在出生仅几天时就表现出了很多的差别，如哭声大小、情绪好坏等。最终，从活动水平、规律性、适应能力、趋避性、敏感度、反映强度、注意力分散度、心境、坚持度 9 个纬度对婴儿的气质类型进行了归纳。

容易照看型。容易照看型婴儿的生活有规律，情绪愉悦，他们很容易接受新事物、适应新环境。因此，父母护理起来比较容易，更愿意提供关怀和爱抚，对待婴儿的态度也更积极。这类婴儿大约占 40%。

难以照看型。难以照看型婴儿的生活没有规律，情绪比较消极，他们很难对环境和父母感到满意。因此，父母常常感到束手无策，认为自己不称职，甚至对婴儿产生厌恶等消极情绪。这类婴儿大约占 10%。

缓慢发动型。缓慢发动型婴儿和难以照看型婴儿有些相似，他们同样对新事物和陌生人反应消极。但是，由于他们的这些消极反应不如难以照看型婴儿那样强烈，因此，父母对他们比较有耐心。这类婴儿大约占 15%。

以上三种类型只涵盖了约 65% 的婴儿，另有约 35% 的婴儿不能被简单地划归到上述任何一种气质类型中去。他们往往具有上述两种或三种气质类型的混合特点，属于中间型或过渡（交叉）型。

婴幼儿早期表现出来的气质特点对他们未来的发展有着重要的影响。气质通过影响婴幼儿与环境的相互作用来影响婴幼儿的社会性发展。面对不同气质类型的婴幼儿，养育者及照护者的教养态度与方式会有所不同。不同气质类型的婴幼儿也就在这样的互动中发展着自己的情绪与社会性。

气质无好坏之分，但是随着年龄的增长，婴幼儿在不同社会环境因素的影响下会掩蔽自己先天气质的底色，长大成人后也会呈现出不同的、复杂的气质类型。

拓展阅读

成人的气质类型

巴甫洛夫根据高级神经活动的三个基本特性，即兴奋和抑制过程的强度、平衡性和灵活性，将成人的气质类型分为以下四种。

①强而不平衡的类型。兴奋过程强于抑制过程，这是一种易兴奋、不受约束的类型。这种气质类型被称为“胆汁质”。

②强而平衡、灵活的类型。反应灵敏，外表活泼，能很快适应迅速变化的外界环境。这种气质类型被称为“多血质”。

③强而平衡、不灵活的类型。较易形成条件反射，但不易改造，这是一种坚韧而行动迟缓的类型。这种气质类型被称为“黏液质”。

④弱型。兴奋过程和抑制过程都很弱，条件反射的形成很慢，表现为胆小怕事，在困难的工作面前，正常的高级神经活动易受破坏而导致神经症的产生。这种气质类型被称为“抑郁质”。

当然，除这四种基本类型外，还有许多过渡的和混合的类型。巴甫洛夫认为，高级神经活动类型是气质类型的生理基础，气质是神经系统类型的心理表现。

气质无好坏之分，只是每个个体的不同神经活动特点的综合，为个体的个性发展提供了一种底色。在后天的生活中，通过家庭、学校等的影响，可以掩蔽某种气质类型的行为特点。

2. 家庭因素

家庭是社会中最基本、最常见的单元，而父母在每一个婴幼儿的生活中都扮演着非常重要的角色。婴幼儿在家庭中生活的时间很长，家庭是婴幼儿最初的、最基本的生活场所，婴幼儿的社会性发展是从家庭中开始的。通过家庭成员，特别是父母的抚养与教育，婴幼儿逐渐获得了知识和技能，掌握了各种行为准则和社会规范，从一个基本依靠本能生活的婴儿发展成一个合乎其社会角色系统要求、被其所在的社会环境认可和接纳的人。[①]影响婴幼儿情绪与社会性发展的家庭因素有很多，也比较复杂。亲子关系对婴幼儿的社会化影响尤其重要和深刻，为婴幼儿的认知和情绪的发展奠定了基础；家庭教养方式可以说是影响情绪与社会性发展的关键因素；家庭经济条件对婴幼儿的独立性及社会适应能力的发展起着一定程度的支持或制约作用。

（1）亲子关系

亲子关系是指父母与其亲子女、养子女或继子女之间的关系。[②]亲子关系对婴幼儿社会性发展的影响是毋庸置疑的。最初建立的亲子关系主要是母婴依恋。依恋对婴儿的心理发展具有重大作用。婴儿是否对母亲产生依恋及依恋性质如何，直接影响其当下乃至未来的情绪情感、社会性行为、性格特征和与人交往的基本态度。

依恋不是突然产生的，依恋的性质也有所不同。根据心理学家特别是鲍尔比、安斯沃斯等人的研究，依恋是婴儿在同母亲较长期的相互作用中逐渐建立起来的。从六七个月起，婴儿对母亲的存在更加关切，特别愿意与母亲在一起，只要母亲在他身边，婴儿就能安心地探索周围环境，仿佛母亲是其安全的基地。婴儿表现出了明显的对母亲的依恋，形成了专门的与母亲的情感联结。母婴依恋对于婴儿来讲十分重要。

拓展阅读

依恋的类型

安斯沃斯等人通过“陌生人情境”实验，观察婴儿在此情境下的反应，归纳出了一种安全型依恋和三种不安全型依恋。

---

① 李幼穗：《儿童社会性发展及其培养》，43 页，上海，华东师范大学出版社，2004。

② 朱智贤：《心理学大词典》，493 页，北京，北京师范大学出版社，1989。

（1）安全型依恋

这类婴幼儿与母亲在一起时能安逸地玩游戏，不总是注意母亲是否在场，只是偶尔靠近母亲或接触母亲，在紧张情境下会迅速回到母亲身旁，寻求保护和安慰，与陌生人的交往也比较积极。当母亲离开时，其操作、探索行为会受到影响，会明显表现出一种苦恼与不安。当母亲回来后，会立即寻求母亲的接触与抚慰。

（2）回避型依恋

这类婴幼儿与母亲在一起时很少关注母亲的行为，母亲在场或不在场对他们影响不大。面对陌生的人和事物，他们表现得胆子大、不退缩，能进行自主探究活动。当母亲离开时，不哭泣，悲伤程度低。当母亲回来后，既无积极的欢迎，也无明显的喜悦。

（3）拒绝型依恋

这类婴幼儿与母亲在一起时喜欢亲近母亲，和母亲的身体接触比较频繁，不愿意探索。面对陌生的人和事物，他们表现得拘谨、退缩。与母亲分离时，悲伤程度高。与母亲重见时，急切地寻求母亲的安慰，表现出反抗、愤怒，不容易平静下来。

（4）混乱型依恋

这类婴幼儿有的在分离时表现出混乱的、不适宜的行为，有的表现出既亲近又反抗母亲的矛盾行为。比如，当母亲再次出现时，或无表情，或表现出沮丧，或平静后突然哭起来等。

完整的亲子关系中不仅包括与母亲的关系，而且包括与必不可少的角色——父亲的关系。父亲参与照护婴幼儿是婴幼儿情绪和社会性发展中不可或缺的部分。（图1–6）父亲对婴幼儿的教养行为越多、参与程度越高，婴幼儿的情绪理解能力、情绪管理能力和延迟满足能力发展得越好。父亲参与教养对婴幼儿养成果断、坚强、勇敢及独立自主等品质具有积极的促进作用。相反，父亲缺位可能会导致婴幼儿在未来的生活中出现以下问题：过于害羞、易沮丧、不求上进、少言寡语、急躁冲动、害怕失败等。

图 1–6 父子一起挖沙子

（2）家庭教养方式

家庭教养方式是指父母在抚养教育子女的过程中表现出来的相对稳定的行为方式，是父母各种教养行为的特征概括。① 家庭是婴幼儿社会化的第一场所，父母是他们的第一交往对象，更是他们习得社会规则的重要来源。父母的教育观念和教养方式直接影响着父母对婴幼儿的态度，进而影响着婴幼儿情绪与社会性的发展。

美国心理学家鲍姆林德根据父母与幼儿的互动特点，将教养方式分为权威型、专制型、溺爱型和忽视型四种。不同的教养方式对处于不同时期的幼儿的情绪与社会行为的影响也各不相同。（表 1–1）

表 1–1 教养方式及其对幼儿的影响

教养方式	情绪与社会行为发展结果
权威型	童年期：幼儿的情绪愉悦，性格活泼；女孩独立、自主性强，男孩友善、合作意识强；高水平的自尊和自我控制能力 青春期：高水平的自尊，道德意识强，学业成绩好，人际关系和谐
专制型	童年期：幼儿存在焦虑、退缩和抑郁的特征；男孩易怒并伴随攻击性，女孩依赖性强，面对挑战采取回避的态度 青春期：心理适应能力不如权威型家庭中的幼儿，但较溺爱型和忽视型好；学业成绩平平

① 徐慧、张建新、张梅玲：《家庭教养方式对儿童社会化发展影响的研究综述》，载《心理科学》，2008（4）。

续表

教养方式	情绪与社会行为发展结果
溺爱型	童年期：幼儿易冲动、反抗和叛逆；对成人既苛刻又依赖；责任心不强，做事容易半途而废；同伴间合作意识差 青春期：低水平的自我控制能力，学业成绩差，容易误入歧途，如沉迷于网络游戏等
忽视型	童年期：在认知、情感和社会交往等方面存在缺陷，攻击性强 青春期：为人冷漠、孤僻，不爱交谈；低水平的自我控制能力，学业成绩差，容易误入歧途，如沉迷于网络游戏等

根据父母与婴儿的互动特点，教养方式可分为抚育型、社会型、指导型和客体定向型。持抚育型教养方式的父母侧重于满足婴儿的生理需求。父母通过提供食物、保护和照顾婴儿等方式抚养后代，同时使他们免受危险和压力的伤害。社会型教养方式包括各种视觉的、语言的、情感的以及身体的活动，如亲吻、抚摸、微笑等，引导婴儿参与人际互动。持指导型教养方式的父母习惯于引导婴儿去关注和理解外部环境中的物体和事件，介绍并解释外部世界，并向婴儿提供观察、模仿和学习的机会。持客体定向型教养方式的父母侧重于对婴儿的物质世界，如玩具的数量或种类、刺激的水平等进行组织与管理。[①]由此可见，无论采取何种教养方式，父母的教养行为都会对婴幼儿的情绪与社会性发展产生重要的影响。

拓展阅读

缺乏安全感的留守儿童

一部分城市里的年轻父母由于工作繁忙，没有精力照顾孩子，常常会把孩子长期交给老人抚养，自己有时间才会去看望一下。然而，爷爷奶奶的照顾和关爱是不能代替父母的爱的。孩子在自主意识觉醒的过程中，会无比渴望获得来自父母的关注与肯定，以帮助他们建立安全感和自信心。

① 王争艳、武萌、赵婧：《婴儿心理学》，356～357页，杭州，浙江教育出版社，2015。

缺乏父母有效陪伴的孩子，很可能会有安全感不足的问题，不能很好地享受本属于童年的快乐，情绪情感得不到表达，内心能量得不到释放，以至于出现适应能力弱、注意力不集中等情况。这些孩子在行为上的表现是多种多样的，有的表现为特别黏父母，有的表现为孤僻冷漠，有的表现为任性调皮，还有的表现为胆小退缩等。

（3）家庭经济条件

情绪具有情境性和感染性的特点。良好的家庭经济条件决定了婴幼儿能够拥有较好的营养状况、教育环境等，这些均可使婴幼儿产生积极的情绪体验，不仅可为其形成情绪调控能力奠定初步的基础，而且可促进婴幼儿认知水平的提高、同伴关系的发展、某种优良品质的形成等。

父母的就业等因素也会通过父母体验到的育儿压力等影响婴幼儿的发展。在压力情境下，父母对婴幼儿行为的感知和归因也较为消极。社会支持有助于减少压力对父母的消极影响。社会支持水平越高，父母越能够感受到他人对自己的关心、爱护和尊重，也就越容易处于良好状态。而这其中，尤以从配偶处获得的社会支持影响力最大、影响范围最广。

3. 托育机构因素

目前，许多父母会在子女出生后尽快返回职场。当家庭无法提供照护年幼的婴幼儿的条件时，高质量的托育机构便成为这些父母的必然选择。高质量的托育机构在师幼比、照顾方式等方面应该具备以下特质：照护者与婴幼儿的比例高；每个婴幼儿都有主要照护者；照护者的稳定性高；照护者对婴幼儿的敏感性强；能够满足婴幼儿的个别化需求；能够提供适当的且能刺激婴幼儿发展的材料。

托育机构中的多种因素也会影响婴幼儿情绪与社会性的发展。这些影响因素主要分为人的因素、物的因素、空间因素、游戏因素、生活教育因素。

（1）人的因素

首先是托育机构中的照护者。照护者受过专业的训练，长时间和婴幼儿在一起，有权威性，既是婴幼儿模仿的对象，也是向婴幼儿实施情绪与社会性教育、促进婴幼儿学习和发展的重要他人。这些重要他人作为婴幼儿新的依恋对象，是婴幼儿情绪的积极回应者和社会行为的主要示范者。这种人际关系对婴幼儿安全感、信任感的建立和自信心的发展等非常重要。婴幼儿在与照护者互动的过程中获得的知识与技能对其社交能力的提高也有积极的支持性意义。[①]照护者只有了解每个婴幼儿的气质、作息等，才能与婴幼儿建立起和谐、平等、互相依赖的师幼关系。要经常与婴幼儿拥抱，表达出对婴幼儿的关爱，进而帮助婴幼儿建立起安全感、归属感，促进他们与他人的正向交往。同时，由于婴幼儿年龄较小，他们在学习与发展中更需要照护者情绪稳定，具有较强的管理能力，面对婴幼儿时有足够的耐心、爱心与责任心。

其次是托育机构中的同伴。同伴关系是指年龄相同或相近的婴幼儿之间的一种共同活动并相互协作的关系，或者心理发展水平相当的个体之间在交往过程中建立和发展起来的一种人际关系。[②]婴幼儿与同伴具有相同的社会权利，他们的能力是相近的，地位是平等的。在与同伴的相互作用中，婴幼儿不仅会获得许多社会信息，如了解不同父母的工作、不同家庭的文化；而且可以发展交往技能，发展独立性、自主性以及亲社会行为。

（2）物的因素

①生活用品。托育机构中的生活用品包括杯子、碗筷、毛巾、桌椅等。婴幼儿可以通过使用生活用品进行社会学习，如爱护生活用品、有序摆放生活用品等。蒙台梭利认为，婴幼儿需要一个有秩序的环境来帮助他们认识事物、熟悉环境。一旦熟悉的环境消失，他们就会无所适从、哭泣、害怕，甚至大发脾气。婴幼儿对秩序的敏感常常表现在对顺序性、生活习惯和所有物的要求上。对生活用品的有序使用和有规律的生活习惯的养成有助于婴幼儿秩序感的建立。

②玩具。游戏中的婴幼儿会摆弄各种玩具、材料等物品。除了市场上可购买

---

① 杨丽珠、吴文菊：《幼儿社会性发展与教育》，281页，大连，辽宁师范大学出版社，2000。

② 王振宇：《学前儿童发展心理学》，221页，北京，人民教育出版社，2004。

到的结构性玩具之外，托育机构中还有很多日常生活中的材料，如器皿、树叶、家具、娃娃等供婴幼儿玩耍。这些玩具与材料是婴幼儿进行交往的重要媒介，尤其是主题鲜明、贴近实际生活的玩具，会更吸引婴幼儿的注意力，激发他们进行角色体验的兴趣。婴幼儿通过操作玩具开展活动，丰富其有限的生活经验，这有助于婴幼儿体验不同的社会角色，学习适宜的社会行为。

有研究表明，玩具的出现会大大提高婴幼儿交往的频率，提高交往的质量。玩具的数量和大小也会影响婴幼儿的社会交往，如玩具过少会增加攻击性行为，大型玩具会增加合作、交往的机会。

图片资源

适宜婴幼儿操作的玩具

扫描文旁二维码，可以看到托育机构中的多种玩具。操作不同类型的玩具能够使师幼、幼幼之间的交往更易发生。

拓展阅读

教具的价值

蒙台梭利认为，心理的形成需要一定材料。有了材料，儿童的心理便既可以得到发展，又可以得到休息、庇护和支撑。为了使材料成为真正的支撑点，我们必须“再生它的形体”。蒙台梭利教具就是基于这种原理产生的。蒙台梭利教具适合儿童的身高比例，可以让儿童按其所好随意选择。它们不是教师用来教学的媒介，而是儿童工作的材料，目的是帮助儿童进行内在的自我建设和心理发展。这些教具具有教育意义，儿童可以在自我练习的过程中发展智力、注意力、抽象思维和自然创造能力。可以说，蒙台梭利教具是其环境理论物化的结晶，对儿童来讲，是打开无限主动性大门的钥匙。

有助于婴幼儿社会性发展的玩具，简称社会性玩具。有了社会性玩具，婴幼儿便可以通过模仿、装扮、表演去认识自己，认识周围环境和成人世界。这些玩具都有一定的主题，也是一种主题形象玩具。比如，照护者可以为婴幼儿选择娃娃家的玩具。很多男孩的父母会觉得娃娃家是女孩的专属，其实不然。婴幼儿在3岁之前对性别的概念是模糊的，对性别的认识可以通过照护者的引导来形成。选择娃娃家的玩具，是从婴幼儿爱与被爱的需求出发的。选择柔软、抱起来舒服的娃娃有利于婴幼儿大胆去表达爱、关怀，建立同理心；同时，娃娃可以成为他们交流的对象、情感的象征、想象的媒介。

又如，可以选择建构类的社会性玩具。能够建构出商店、医院的场景的玩具可以让婴幼儿认识身边的环境，吸收生活经验。不过，无论是在托育机构中还是在家庭中，养育者或照护者提供给婴幼儿的玩具都应适宜、适量。

拓展阅读

玩具越多越好吗?

心理学家巴里·施瓦兹曾经做过这样一个实验。他将孩子们随机分成两组。第一组可以从3支画笔中选1支，第二组则可以从24支画笔中选1支。结果，第二组孩子们的作品要比第一组糟糕得多。随后，他让孩子们从中选一支自己最喜欢的画笔，接着再试着说服孩子们放弃这支画笔，选择另一样礼物。结果，第二组的孩子们更容易放弃他们选择的画笔。太多的玩具反而会让孩子们在选择前面乱了方寸，不知道自己最喜欢什么，得到之后也更不懂得珍惜。选择太多，还会影响孩子们的专注力。

③图书。图书是婴幼儿进行社会认知的物质媒介。图书中包含许多社会教育的内容，有助于婴幼儿进行情绪表达和社会学习。比如，《小马过河》教育婴幼儿遇事要多动脑筋，学会独立思考；还有一些图书可以让婴幼儿了解各地的风俗民情，了解各种不同的节日等。阅读活动同样具有社会学习的价值。比如，婴幼儿会逐渐懂得不争抢图书、爱护图书，一本一本轮流看书，一页一页看书；看书时可以讨论

书中的内容，但要小声，不能影响其他小朋友等。(图 1-7)

图 1-7　托育机构中的阅读角[①]

特别推荐

儿童教养丛书

出版于 2017 年的“儿童教养丛书”的作者是日本的峯村良子。这套书一共有四本，涵盖了待人接物、餐桌礼仪、出门社交、日常生活方面的最基本的教养内容。书中为我们提供了一系列可操作的清单。比如，《出门社交》这一本书给我们提了以下几点建议。

①和朋友家里的人打招呼。

②吃东西时注意礼节，不要边吃边洒或边走边吃。

③不经主人同意，不要随便打开关闭着的门。

④垃圾不要乱扔，要扔进垃圾桶。

⑤不乱动别人家里的东西。

⑥在朋友的房间里玩时，说话声可大一点儿；但在客厅时不能太闹，否则会给别人带来不便。

① 图 1-7 由郭丽妍提供。

拓展阅读

适合 2 岁以下婴幼儿阅读的布书

适合婴幼儿阅读的布书虽然内容简单，但设计、做工复杂，互动性、游戏性强。虽说它们是“书”，但其实更像是玩具。它们的设计目的在于，让婴幼儿觉得它们很好玩，在玩的同时锻炼听觉能力、观察能力、动手能力等。

1．4~6 个月的宝宝：触摸布书

4 个月之后的宝宝开始学习扶坐，并且随着牙齿逐渐萌出，宝宝更加喜欢啃咬东西了。爸爸妈妈可以为宝宝选择用安全材质制成的耐撕咬的布书，如《猜猜这是谁的？尾巴布书》。

2．7~12 个月的宝宝：用布书培养各项生活技能

7~12 个月的宝宝已经有很强的表达欲望了，经常咿咿呀呀地和爸爸妈妈对话。爸爸妈妈不妨为宝宝选择一些介绍生活用品以及日常习惯的布书，如关于清洁牙齿的布书，让活跃的宝宝在玩耍中掌握各项生活技能。

3．1 岁以上的宝宝：提高对环境的认识等

1 岁以上的宝宝逐渐学会走路，并且会有意识地跟着爸爸妈妈学说话，他们更加渴望认识身边的环境。可为 1 岁以上的宝宝推荐如《现在是便便时间！》等布书。

（3）空间因素

蒙台梭利非常看重环境在婴幼儿发展中的价值。她强调教育对婴幼儿产生的巨大影响是依靠环境作为手段实现的，“我们的教育体系的最根本的特征是对环境的强调”。

室内环境可以用低柜或分割线分成不同的区，如换尿布区、饮食区、睡眠区、游戏区等，以便照护者随时看到每个婴幼儿。（图 1–8、图 1–9）

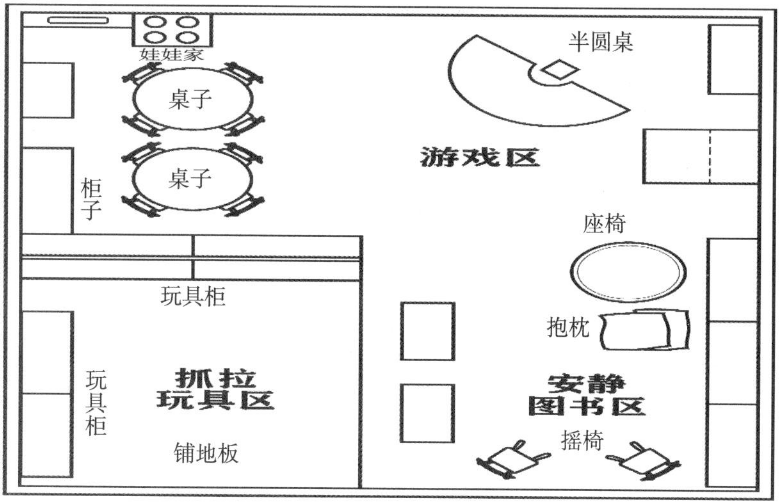

图 1–8　高品质托育机构室内环境范例

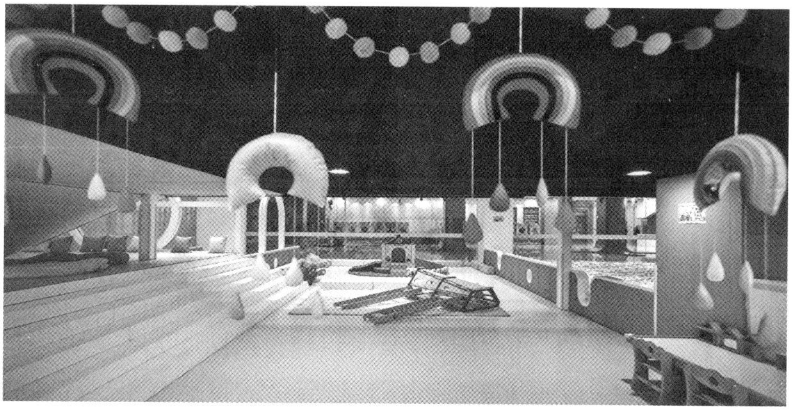

图 1–9　托育机构的室内环境①

室外环境应包括地面坚硬的车道、柔软的草地、玩沙和水的设施、塑胶场地、小山坡、私密小空间（小房子、小步道）和休息区域等。涉及的材料包括滑梯、小车、小球、沙水玩具、平衡木、跷跷板、摇马、投掷物等。（图 1–10）

① 图 1–9 由天津市华夏未来优咪家园提供。

图 1-10　托育机构的室外环境[①]

图片资源

托育机构室内外环境

若想了解更多托育机构的环境情况，请扫描文旁二维码浏览图片。

（4）游戏因素

游戏为婴幼儿提供了社会交往的机会，发展了婴幼儿的情绪能力与社会交往能力。游戏中婴幼儿之间的交往活动使实际的社会关系网络形成，使婴幼儿逐渐熟悉、认识周围的人和事，了解自己和同伴的想法、愿望和要求，理解他人的思想、行为和情感，逐渐掌握人与人之间的交往规则。

游戏有助于婴幼儿情绪的表达。婴幼儿的各种情绪，不管是积极的还是消极的，都需要得到宣泄与表达。游戏为婴幼儿提供了表达自己情绪的安全途径，能够促进婴幼儿健康心理的形成与发展。

游戏有助于婴幼儿克服自我中心化，学会理解他人。婴幼儿往往从自己的角度出发看问题，以自己的想法、体验、情感来理解周围现实的人和事，这反映了婴幼儿在社会性认知上的自我中心化特点。当他们在游戏中扮演“妈妈”时，一

① 图 1-10 由天津市华夏未来优咪家园提供。

方面，他们清楚地知道自己不是“妈妈”；另一方面，能从“妈妈”的角度看问题。在这样的过程中，婴幼儿能够比较自然地学会改变看问题的角度，逐渐克服以自我为中心。

游戏有助于婴幼儿对社会角色的学习，提高社会角色扮演能力。婴幼儿自出生起，就不可避免地处在一定的人际关系和社会地位中，他们不可避免地被赋予某种角色。在进入社会前，婴幼儿会通过玩“过家家”等各种角色游戏，对成人的行为、态度加以模仿，逐渐习得角色的行为方式，逐渐理解角色的多样性和稳定性。这样的做法锻炼了婴幼儿的角色扮演能力，有助于社会适应。

游戏有助于婴幼儿对行为规范的掌握，形成良好的道德品质。游戏是现实生活的反映，游戏中蕴含着人与人交往的基本规则。婴幼儿的第一个社会性游戏是与父母等养育者的互动，如躲猫猫或挠痒痒。婴幼儿在互动与沟通中学会轮流、等待与回应，并在以后的社会化中，运用这些社交技能与更多的人产生社会交往与互动。

游戏有助于婴幼儿自制力的提高。意志是个性的重要构成因素。婴幼儿自制力差，意志行为尚未充分发展。但游戏能培养和锻炼婴幼儿的意志。在游戏中，婴幼儿逐渐表现出较高水平的自制力和意志行为。（图 1–11、图 1–12）

图 1–11　独自游戏①

图 1–12　同伴游戏

① 图 1–11 由王瑾提供。

（5）生活教育因素

蒙台梭利认为，当婴幼儿独立完成某项工作时，其自尊和自信也在发展。我们在日常生活中为婴幼儿创造了一定的环境，支持和满足他们的愿望，使他们的潜力得以发挥、经验得以增长。生活教育可分成动作教育、照顾自己、照顾环境、社交礼仪四类。

动作教育。所谓动作教育，即让婴幼儿练习日常生活中的基本动作，它是照顾自己、照顾环境、社交礼仪的基础。主要包括走、坐、站、拿、搬、放、拧、倒、折、剪、切、贴、缝、编、捏、夹、转、擦、撕、打、敲、卷、削、拉、揉等。

图 1–13　独立进食[①]

照顾自己。目的是提高婴幼儿的生活自理能力，以适应现实生活。主要包括整理携带的物品、处理散落的东西、照镜子、梳头发、擤鼻涕、穿衣服、脱衣服、叠衣服、穿鞋、脱鞋、洗脸、洗手、洗手帕、喝水、吃饭、刷牙、擦汗、洗脚、洗澡、如厕、叠被子等。图 1–13 中，幼儿在独立进食。

照顾环境。照顾环境是指以人类以外的其他生物或无生命的物体为对象，让婴幼儿学习美化、打扫、整理环境的方法，并掌握照顾、饲养、管理动植物的相关技巧。图 1–14、图 1–15 中，幼儿在照顾植物和动物。

图 1–14　照顾植物[②]

图 1–15　喂鸡[③]

① 图 1–13 由甄淑丽提供。

② 图 1–14 由甄淑丽提供。

③ 图 1–15 由王瑾提供。

社交礼仪。社交礼仪的基本要求是：行为不给别人添麻烦，言语不使人感到不愉快，能站在别人的立场来思考问题。主要包括打招呼、致谢、道歉、应答的方法，用餐礼节的具体内容等。

二、婴幼儿情绪与社会性发展的相关理论

心理学家、生理学家针对儿童的发展，尤其是儿童情绪与社会性的发展提出了不同的观点，这些理论与观点一直影响着相关研究与教育实践。不同理论从不同层面阐释了儿童发展问题。

（一）精神分析理论

精神分析理论分为古典精神分析理论和新精神分析理论。其中，古典精神分析理论的代表人物是弗洛伊德，新精神分析理论的代表人物是埃里克森、阿德勒和霍妮等人。总的来讲，他们关于儿童情绪与社会性发展的主要观点有以下内容。

1. 精神分析理论的主要观点

（1）儿童的情绪与社会性发展具有阶段性

①弗洛伊德的发展阶段论。弗洛伊德把儿童的发展分为5个阶段：口唇期、肛门期、性器期、潜伏期和生殖期。他认为，各种需要的满足与冲突的解决是儿童情绪与社会性发展的主要动力。在每一阶段，儿童都面临着满足自我身体需要和服从社会需要之间的冲突。当社会允许适当的身体需要得到满足时，这种冲突就可以获得满意的解决；但是，如果这种需要得不到满足或满足过度时，个体就会在以后的成人生活中反映出某些遗留行为。例如，如果一个儿童在口唇期经历过严重断奶，那么，他长大以后就有可能具有固执和坚决的性格特点；在肛门期，如果父母对儿童的大小便训练过分重视，那么，儿童成年后也会有固执和爱整洁的特点。

②埃里克森的发展阶段论。埃里克森认为研究儿童的心理发展既要考虑生物因素，也要考虑社会文化因素。与弗洛伊德的性心理发展理论的区别是，他认为

影响个人发展的主要因素不仅包括生理因素，而且包括社会心理因素（心理社会危机）。这种影响贯穿了整个生命过程。

他认为人的自我发展持续一生，他把自我的形成和发展过程划分为 8 个阶段。这 8 个阶段的顺序是由遗传决定的，但是每一阶段能否顺利度过却是由环境决定的。具体来讲，养育者的行为决定着该阶段儿童的心理发展，并构成日后儿童行为发展的原型。儿童在不同的发展阶段中面临着不同的发展任务。如果某一阶段的冲突危机得到了积极的解决，那么这个人的人格中就会形成一种美德。0~3 岁婴幼儿经历了其中的两个阶段。

第一阶段是婴幼儿前期（0~1.5 岁），这一阶段是基本信任对不信任的冲突阶段。这个阶段的儿童最为弱小，因而对成人的依赖性最大。如果母亲能以慈爱和惯常的方式来满足儿童的需要，他们就会形成基本的信任感。当母亲不在身边时，他们也不会有明显的烦躁不安。如果母亲拒绝他们的需要或以非惯常的方式来满足他们的需要，儿童就会形成不信任感，在母亲离开时焦虑不安。

比如，母亲在儿童 1 岁前都是亲自照料，偶有离开也会跟儿童告别，并在预定时间内返回儿童身边。若儿童对母亲的惯常离开习以为常，母亲的离开就不会造成儿童情绪的变化。一直保持下去，儿童就会形成基本的信任感。反之，如果母亲总是突然从儿童身边离开，并且经常性地不能在允诺时间范围内回到儿童身边，儿童就会形成不信任感，对母亲的离开表现出情绪上的不安。

当儿童形成的信任感超过不信任感时，基本信任对不信任的冲突方才得到解决。信任感占优势的儿童拥有敢于冒险的勇气，不会被绝望和挫折压垮。这一阶段的危机成功地得到解决，儿童就会形成社会希望的美好品德；反之，儿童就会形成胆小的人格特征。

第二阶段是幼儿后期（1.5~3 岁），这一阶段是自主对羞怯的冲突阶段。这个阶段的儿童迅速掌握了许多技能。他们学会了走、爬、推、拉、交谈、抓握和放开，并且已经能够随心所欲地决定做或不做某些事情。儿童从这时起就介入了自己意愿与父母意愿相互冲突的矛盾之中，进入第一个逆反期。

父母必须沿着社会所能接受的方向，履行控制儿童行为的任务，而又不能伤害儿童的自我控制感和自主性。换言之，父母必须具有理智的忍耐精神，但仍然必须坚定地保证儿童的社会许可行为的发展。如果父母溺爱儿童或不公正地体罚儿童，儿童就会感到疑虑而体验到羞怯。若这一阶段的冲突成功地得到解决，儿童就能够形成意志力；如果不能成功地得到解决，就会形成自我疑虑。图 1–16 中，儿童对石头下和灌木下的小蚂蚁感兴趣，一直在寻找和追踪中，成人的陪伴和尊重让儿童特别有成就感，为发现小蚂蚁的秘密而感到自豪。

图 1–16　自主探索

（2）儿童早期的生活经验对其终身都有重要影响

弗洛伊德认为，成人的人格特征是由婴儿时期的各种经验决定的，性格的形成原因可以追溯到儿童早期。约在 6 个月的时候，儿童开始发展关于他人的概念，此时母亲在婴儿生活中的重要性是毫无疑问的。若儿童被强制地剥夺了享有母爱的权利，将会产生强烈的不安全感及不良依恋。儿童惧怕失去父母的爱及受到惩罚，不得不压制本能（驱力），这一过程使得儿童产生焦虑。此外，弗洛伊德还认为愧疚是抑制达成的机制，攻击冲动在愧疚感的作用之下转向自身。过分愧疚是许多心理障碍的根源。

阿德勒心理发展理论中的一个重要概念就是“自卑情结”。他认为人必定会感到自卑，这是必然存在的。婴儿离开照护就无法存活，其生存必须依靠成人，他们必须屈从于成人。这使他们产生自卑情结。当然，阿德勒认为这种自卑情结对个体的成长是有积极意义的，它提供了促使个体成长的重要力量。个体在成长和发展中的努力和成功源于他们极力补偿或克服想象的或真实的自卑。所以，在此生长过程中，父母作为最可依靠的和儿童最亲近的成人，在帮助儿童发展的过程中的态度和方法无疑会给儿童的一生造成很大的影响。

霍妮在她的心理发展理论中提到“基本焦虑”。焦虑源于人际关系的不安全感。基本焦虑是由混乱的人际关系造成的。父母对子女态度的好坏是基本焦虑产生与否的关键。如果父母真心爱护子女，就会使子女的安全需要得到满足，而不会使子女产生焦虑；如果父母对子女漠不关心或者给予假爱，就会使子女对父母产生敌意。但由于其弱小，身心两方面的需求尚依赖父母满足，出于对父母的惧怕或对失去父母之爱的惧怕，以及为避免产生愧疚感，儿童就会压抑对父母的敌意，这种被压抑的敌意就转化为焦虑。所以，霍妮认为童年经验中的亲子关系对个体的人际关系起决定作用。

早期生活经验会对儿童的一生造成重要影响。从促进儿童成长的角度来看，一方面，儿童的成长需要父母无微不至的关心和保护；另一方面，他们有自主发展的需要。父母对儿童的漠视或惩罚都会造成其不良的心理反应。也就是说，儿童的焦虑情绪、自卑情结和由此带来的破坏或退缩行为与父母对儿童的态度和教育方式有很大关系。

2. 精神分析理论对养育者及照护者的启示

（1）尽可能给予婴幼儿良好的早期生活经验

养育者及照护者应该了解婴幼儿的生理与心理发展规律，尤其是 0~3 岁婴幼儿的心理发展特点。此时，婴幼儿的心理如同他们的身体一样是脆弱的，他们最依赖和亲近的人是他们的父母等养育者或其他照护者，这些人对婴幼儿的态度时刻影响着他们。此时的养育者及照护者应给予他们无条件的爱和积极关注，关注他们成长的每一步，关注他们成长过程中遇到的挫折并帮助他们去克服，这有助于婴幼儿获得良好的早期生活经验。

（2）尽可能妥善地满足婴幼儿的各种生理与心理需要

养育者及照护者应帮助婴幼儿正确面对种种成长冲突，促进其发展；应为婴幼儿建立一个可以预测的、安全而又灵活的环境，满足婴幼儿的不同需要，尊重婴幼儿的自主意识和独立性，提供更多的自主探索的机会，引导婴幼儿自主表达、识别并调控自己的情绪，用自己的爱引导婴幼儿顺利度过儿童期，并发展积极、健康的心理。

（二）社会学习理论

社会学习理论的主要代表人物是班杜拉、沃尔特斯。他们关于儿童情绪与社会性发展的主要观点包括重视恰当的行为强化，为儿童提供值得模仿的环境与榜样，为儿童提供展示自我能力与成就的机会和舞台。

1. 社会学习理论的主要观点

（1）强化是儿童获得情感与社会行为的重要机制

华生认为，爱、怒、怕三种基本情绪是先天的非条件反射，无须学习。其他的大多数情绪反应是儿童通过经典条件反射习得的。斯金纳等人提出了操作条件反射的概念，许多学者运用操作条件反射来引发情绪，获得了成功。比如，儿童表情的丰富与父母的积极反馈有密切关系。

强化可以是直接强化，即通过外界因素对学习者的行为直接进行干预。班杜拉认为，虽然外在结果能够对行为产生影响，但是，它不是决定人的行为的唯一因素。人会在观察的结果和自己形成的结果的支配下，引导自己的行为。强化也可以是替代强化。学习者如果看到他人的成功和受赞扬的行为，就会增加产生同样行为的倾向；如果看到他人的失败或受惩罚的行为，就会削弱或抑制产生这种行为的倾向。强化还可以是自我强化，即当行为达到自己设定的标准时，以自己能支配的报酬来强化、维持自己的行为。

（2）观察学习是儿童获得社会行为的重要途径

班杜拉的社会学习理论强调社会因素对情绪与社会行为的影响。大量的学习是通过模仿产生的。观察是情绪反应的重要来源。由于生活环境的不同，情感表达的方式、情感的丰富性和发展速度也不相同。每个社会都有一定的“情绪表现法则”，儿童都是通过观察和模仿成人获得这些法则的。

个体（尤其是儿童）的很多行为是通过观察学习而获得的。观察的对象来自周围环境及各种媒体。观察学习更加接近儿童的真实学习过程。班杜拉认为，人的个性是在观察学习的过程中，通过模仿榜样的行为而形成的。男孩和女孩的性别角色也是通过社会化过程的学习，特别是模仿作用而获得的。儿童倾向于模仿和自己性别相同的成人的行为。

观察学习是儿童通过观察、模仿榜样而习得某种行为的学习活动，这种学习不是简单、刻板地模仿榜样的行为。观察者对榜样的具体特征进行了编码，会抽象出榜样行为的共同要素，并把这种行为恰当地运用到其他情境中。这说明认知在观察学习中起到了重要的作用。

班杜拉认为，训练、斥责等方法对儿童亲社会行为的培养几乎没有效果。强制命令或许能一时奏效，但效果很难持久。只有正面的榜样示范才能对促进儿童亲社会行为的习得产生持久且有力的作用。因此，他十分重视榜样的作用，这对于培养儿童良好个性的实际教育工作者来说有重要意义。我们应当给儿童树立有利于身心发展的榜样。榜样必须具有积极性，符合社会的道德规范；榜样必须具有代表性，符合儿童的年龄特点；榜样必须具有典型性，特征鲜明、突出；榜样必须具有生动性，感染力强；榜样必须具有权威性，易于被儿童接受。

（3）自我效能感在儿童的社会学习过程中起着重要作用

自我效能感是指个体对影响其生活的事件施加控制的信念。自我效能感通过决定个体去做什么，以及对在做的过程中要付出多大努力的预期而对个体行为起重要的引导作用。从自我效能感的功能来看，在具有同样能力的人中，自我效能感高的人的学习效果要优于自我效能感低的人。

个体自我效能感来源于两个方面。一是迄今为止他在某一领域里取得的成就。父母的过分保护会损害儿童的自我效能感，因为父母的这些行为剥夺了儿童尝试的机会，自然也剥夺了儿童体验成功的机会。二是他对他人活动的观察。同伴间的比较对儿童自我效能感的发展也具有重要的作用。

成功体验是自我效能感的重要来源。成功体验的价值在于唤醒个体在相似情境下的积极情绪。在这种积极、愉快的情绪的影响下，个体的记忆力提高、思维流畅，这为学习活动提供了很好的情绪背景，会使个体更加顺利地完成任务。而任务的成功、努力之后的满足，又提高了个体的自信心，将会使个体在今后面临同样的任务时更加积极主动、勇于挑战、不怕困难。随着积极情绪的累积，个体会形成良好的、积极的心境。由于心境的稳定性和弥散性的特点，个体在某项活动上的成功体验会弥散到类似的情境中，在其他活动展开时，个体也会充满自信。

2. 社会学习理论对养育者及照护者的启示

（1）重视恰当的行为强化

在婴幼儿的发展中，对婴幼儿适宜的行为要给予肯定和鼓励，还要尽量少采取惩罚等消极强化手段。对婴幼儿达到或超过为其提供的标准的行为，养育者及照护者应表示喜悦；而对未达到标准的行为，可表示失望。这样，婴幼儿就能够逐渐形成良好的态度，养成正确的行为习惯，也能够形成自我评价的标准，获得自我评价的能力。

（2）为婴幼儿提供展示自我能力与成就的机会与舞台

在婴幼儿的成长中，每一次活动的参与、每一件事情的完成都是有意义的、有价值的。成功、快乐的体验的获得，都会激发婴幼儿进一步探究的欲望，强化其成就动机。因此，在展示自我的过程中，不断累积的成功体验是自信心发展的催化剂。养育者及照护者应在丰富的活动实践中，提供婴幼儿经过努力就能完成的任务，让婴幼儿发现真实的自己，获得成功的体验，在活动中成为最好的自己。

（3）为婴幼儿提供值得模仿的环境与榜样

班杜拉的社会学习理论向我们展示了成人与婴幼儿之间、婴幼儿与婴幼儿之间的相互作用在婴幼儿学习、掌握和调节社会行为方面的功能。养育者及照护者在婴幼儿眼中是生活中的权威人物，他们的行为理所当然会成为婴幼儿的学习榜样；同伴之间的相互模仿也是促进婴幼儿情绪与社会性发展的必不可少的学习途径。

（三）建构主义发展理论

1. 建构主义发展理论的主要观点

（1）个体建构发展理论

个体建构发展理论的主要代表人物是皮亚杰、科尔伯格。他们的主要观点为：

情绪是认知过程的产物。情绪发展是认知发展和新知识掌握的结果，真正的情绪依赖于认知的成熟。情绪和认知不可分，情绪表达在相当程度上有赖于认知，即理解先于情绪表达，情绪是认知过程的产物。儿童的情绪与社会性发展和认知发展是相互依存的。儿童某些特定的社会技能只有在相应的认知技能形成后才会出现，某一阶段儿童的社会性发展的特点都可以从相应的认知发展阶段中找到根源。比如，“分离焦虑”的产生是以认知发展中的“客体永久性”的形成为基础的。

儿童人际关系的发展也是与其认知的发展相平行的。由于儿童的自我中心化，他们只能注意自己的观点与立场而不能理解他人与自己不同的观点。皮亚杰认为，儿童情绪与社会性是在有意义的关系情境下发展的。这包括与父母、其他家庭成员、朋友和教师的关系。尤其是与同伴的互动，是儿童社会性和道德情感、价值观、智力发展的关键。在环境中，集体中的每一个成员都得到重视与尊重，这可以帮助儿童获得归属感。

（2）社会建构发展理论

社会建构发展理论的主要代表人物是维果茨基，他提出了社会文化理论。有关儿童情绪和社会性发展的观点如下。

儿童是借助他们的文化工具，通过积极参与、社会互动来建构自己的知识的。儿童的发展是离不开社会背景的。社会交往决定着儿童思维的内容和过程。比如，儿童在与人交往时看着别人的眼睛是无礼的还是有礼的，不同的文化对此有不同的解释。

“更多识的他人”和“最近发展区”是学习的社会本质。“更多识的他人”既可以是成人，也可以是儿童的同伴。当儿童觉得活动有挑战时，这个“更多识的他人”就需要给予帮助和支持。“最近发展区”是儿童独立活动时所能达到的解决问题的水平和在他人的帮助下所能达到的解决问题的水平之间的距离。对儿童“最近发展区”的准确把握有助于为儿童提供适宜的支持与帮助，促进儿童的身心发展。

游戏有利于儿童的全面发展。游戏情境、角色和规则等要素有助于促进儿童的自律和认知的发展。游戏中儿童的“自言自语”以及与他人的交流引导着儿童的行为与思想，也处理着儿童与他人的社会性情感。

2. 建构主义发展理论对养育者及照护者的启示

（1）对婴幼儿的教育要适应其发展水平

在教育过程中，养育者及照护者既要接受婴幼儿现有的思维发展水平，也要为他们走向成熟搭建桥梁，帮助婴幼儿向更高水平发展。

（2）丰富的社会活动经验是婴幼儿认知结构建构的基础

养育者及照护者应当为婴幼儿情绪与社会性的发展提供积累社会生活经验的机会和环境，让他们在有意义的环境中获得经验，建构新的认知结构，并从对这些经验的反馈中实现学习与发展。

（3）为婴幼儿创设支持社会性情感发展的环境

开展促进婴幼儿与同伴或成人合作参与的探究活动，将与婴幼儿经验与兴趣相关的材料投放在环境中，鼓励婴幼儿尽可能地用语言来表达自己的感受和解决问题，提高其社会交往的能力。

（4）关注每个婴幼儿的文化背景，并注意机构与家庭的合作

邀请家长参与到托育机构的活动中来。不同的家长有着不同的文化背景，既丰富着托育机构的社会环境，让婴幼儿感到机构是一个值得信赖的地方，也会让婴幼儿感受到持续的关爱和安全感，提高婴幼儿的自我概念和归属感。

（四）现代生物学与生态学理论

该理论的主要代表人物有洛伦兹、尤·布朗芬布伦纳等。该理论强调生态环境中某些种属特有的行为，强调人际交流、生物成熟及学习对情绪发展的作用。其中，关于儿童情绪与社会性发展的基本观点包括如下内容。

1. 现代生物学与生态学理论的主要观点

（1）洛伦兹与“母亲印刻”

奥地利动物习性学家洛伦兹认为，儿童的健康发展与早期依恋的形成有重要联系。他曾做过一个有趣的实验：他站在即将孵化的鸭蛋前，小鸭破壳而出，第一眼看到的是他。令人惊讶的是，小鸭居然亲热地跟着他，如影随形地相伴左右，而对鸭妈妈视若不见。这就是“母亲印刻”。心理学家将母亲印刻发生的时期称

为动物认母的关键期。洛伦兹认为，情绪交往也有一个发展的关键期，这一关键期以婴儿社会性微笑的出现为开始，并在陌生人焦虑（认生）阶段消失之后终结。母亲会对婴儿产生深刻的偏好和追随影响，因此，除了尽量避免与婴儿分离外，也不要对自己的一举一动掉以轻心。

（2）尤·布朗芬布伦纳与四个系统

尤·布朗芬布伦纳认为，个体发展的环境是一个由小到大的、层层扩散的、复杂的生态系统，每一个系统都会通过一定的方式对个体的发展施以影响。他指出，学校环境、社会环境、家庭环境对人的发展有着重要的作用。他还提出了包括小环境系统、中环境系统、外环境系统和大环境系统的四个系统说。小环境系统指婴幼儿周围的环境，如亲人、同辈人等，他们对婴幼儿的成长和发展起着潜移默化的直接或间接作用。中环境系统指的是婴幼儿所处的多个系统之间的关系，如家庭与托育机构、家庭与社区之间的关系。当婴幼儿的生长环境发生变化，由一个环境进入另一个环境时，中环境系统的作用就得以体现。比如，因父母的工作变动而搬家、托育机构发生变化等，都会对婴幼儿的发展起到正面或负面的作用。外环境系统是指成长中的婴幼儿不在其中，但是对他们所处的直接环境产生影响的社会环境。既包括正式的组织，如父母的单位、保健福利机构；也包括非正式的组织，如与朋友、邻里等的社会网络。大环境系统指的是由文化价值观、法律、习俗和资源组成的社会环境、经济政策、政治环境等的综合因素。大环境系统的改变会对婴幼儿的成长产生不可忽视的作用。大环境系统能否满足婴幼儿和成人的需要，关系到小环境系统能否获得支持。比如，养育补助、产假等友好政策的实施会提高小环境系统的生活质量与养育水平。这几个系统之间是紧密联系着的，对婴幼儿的成长和发展起着积极或消极作用。（图 1–17）

尤·布朗芬布伦纳的四个系统说为研究婴幼儿的成长和发展提供了理论基础。在实际情况中，应关注婴幼儿的教育环境，创造更好的适合婴幼儿发展的环境，注意建构有教育意义的教育生态环境。这些均对婴幼儿的健康发展有着重要的作用。

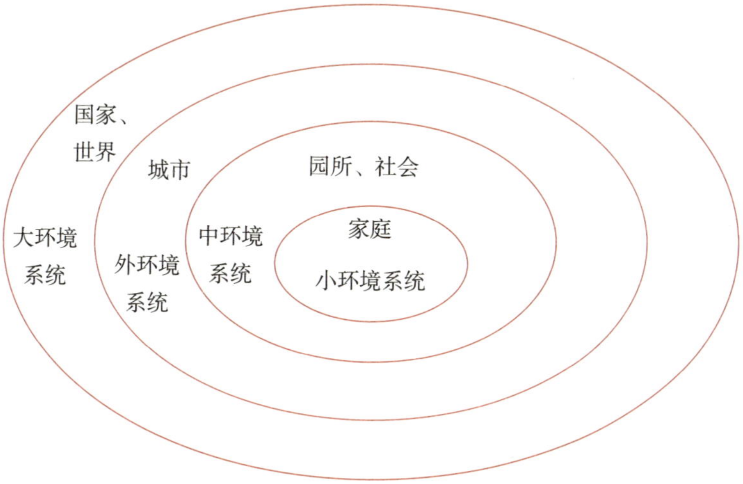

图 1-17　婴幼儿发展生态系统图

2. 现代生物学与生态学理论对养育者及照护者的启示

（1）重视建构婴幼儿良好的早期依恋关系

养育者及照护者与婴幼儿的相互依恋为婴幼儿与别人交往和探索外部世界提供了“安全基地”。良好的依恋，尤其是早期的母婴依恋，不仅可以促进婴幼儿的智力发育，而且还有助于对他人的信赖、自我信任和良好的人际关系的形成。

（2）注意建构有教育意义的托育生态环境

家庭环境应根据婴幼儿的生理和心理特点加以调整，为婴幼儿提供更多的自由空间，使婴幼儿形成良好的态度和个性。父母等养育者应营造良好的家庭氛围，正确处理工作与家庭之间的关系，为婴幼儿的情绪与社会性发展提供良好的家庭条件。

托育机构中的照护者是托育服务的实施者，其教育观念、人格特征等都会直接影响到婴幼儿的身心发展，尤其是他们的职业道德与职业信念，对婴幼儿的发展至关重要。在托育机构中，同伴交往有助于婴幼儿学习社交技能和社交策略，照护者要充分利用好这一重要资源，促进婴幼儿的学习与发展。

除了家庭和托育机构之外，也可以充分利用社区资源，将社区内潜在的各种人力、物力和财力资源，自然与人文资源有效地加以开发利用，建立健全社区婴幼儿教育服务的规划、组织等机制，形成全方位、开放的教育系统，促使教育朝着多样化与社会化发展，惠及更多的家庭与婴幼儿。

（五）人本主义理论

人本主义理论的代表人物主要有马斯洛、罗杰斯。下面重点介绍马斯洛的需要层次理论。

1. 需要层次理论的主要观点

马斯洛认为，人的一切行为是由需要引起的，而需要又是分层次的。如图 1–18 所示，最上端是自我实现的需要，最下端和次下端分别是生理的需要和安全的需要。马斯洛晚年又把人类的需要划分为三大层次：基本需要、心理需要和自我实现的需要。生理的需要与安全的需要归为基本需要，归属和爱的需要、尊重的需要归为心理需要。

图 1–18 马斯洛需要层次塔

生理的需要，是指对生存需要的空气、水和食物，以及用来保护自己的衣服和住所的需要。安全的需要，是指对保护性、稳定性和秩序性的需要。归属和爱的需要，包括对家人的喜爱、人际关系和同伴的友谊的需要。尊重的需要，包括对自尊、自信、成就、责任、独立、尊重他人和被他人尊重的需要。自尊比尊重他人更重要。自我实现的需要，包括意识到自己的潜力、创造力、自发性，寻求自我成长和问题解决。

根据需要层次理论的观点，个体存在着多种需要。当较低层次的需要被满足之后，更高层次的需要就会被唤醒。如果婴幼儿在营养丰富、安全、被爱、被尊重、被接纳的环境中长大，他就会更加倾向于满足自我实现的需要。如果这种需要被适当满足，他就更可能成长为身心健康的人。

除此之外，马斯洛还探讨了认知需要和美学需要。认知需要是一种对认识和理解的需要。这种需要最初出现在婴儿后期，包括好奇心、兴趣和注意力等。美学需要包括对漂亮、秩序和对称的需要。

2. 人本主义理论对养育者及照护者的启示

第一，对婴幼儿的进食、如厕等生理需要的回应是促进婴幼儿发展的基本保障。让婴幼儿在可预测、有爱的环境中获得安全感。

第二，托育机构要与婴幼儿的家长保持密切的关系，让婴幼儿感受到家庭般的氛围。比如，托育机构中可以放置婴幼儿的家庭照片、婴幼儿喜欢的依恋物等。尊重婴幼儿的个体差异，鼓励婴幼儿与更多人的互动，从而建立良好的人际关系。这有利于婴幼儿安全感、归属感的形成与发展。

第三，提供足够的活动时间与空间，满足婴幼儿更多的自主、自发的游戏活动需要。在婴幼儿的生活游戏中，提供回应式照护，积极鼓励、耐心倾听他们表达需求，接纳他们多样的探究方式，让他们在自主活动中获得成长与发展。

本章小结

本章首先介绍了情绪与社会性的含义，明确了婴幼儿情绪与社会性发展的重要意义。学习者会进一步理解为什么要学习本书内容。

其次介绍了婴幼儿情绪与社会性发展的影响因素：婴幼儿自身因素，包括生理因素和气质；家庭因素，包括亲子关系、家庭教养方式以及家庭经济条件；托育机构因素，包括人的因素、物的因素、空间因素、游戏因素、生活教育因素。

最后介绍了不同理论流派关于情绪与社会性发展的观点，以及对婴幼儿情绪与社会性发展的启示。学习者会对我们为什么要这样去促进婴幼儿的发展有更加科学的认识。

小任务

任务1 抚触既有利于促进婴幼儿的身体发育和情绪与社会性的发展，又能够增进婴幼儿与养育者、照护者的感情。请完成对三个不同年龄的婴幼儿的抚触，用视频记录下来。

任务2 婴幼儿常常会出现一些不适宜的行为，如打人、咬人或乱摔东西。根据社会学习理论，你会采取哪些应对策略？

任务3 情绪具有一定的感染性。养育者及照护者的情绪会直接影响照护婴幼儿时行为的适宜性。当养育者及照护者出现急躁、愤怒等不良情绪时，作为“更多识的他人”，一定要先处理情绪，再做事情。你会采取哪些情绪管理措施？请列举三条并尝试去做。

任务4 对于婴幼儿能自己做的事情，如自己吃饭、自己使用工具等，尽量让他自己做。婴幼儿在每一次自主完成活动的过程中，累积着成功的经验，培养着自信与自尊。观察并解读一两个婴幼儿的情绪状态，用语言与婴幼儿沟通，并将互动过程记录下来。

常见问题解答

问题1 照护者如何理解“幼吾幼以及人之幼”？

解答 “幼吾幼以及人之幼”从原意上来讲就是爱护自己的儿女，从而推及爱护别人家的儿女。对于托育机构中的照护者来说，这一点尤为重要。许多家长把年幼的孩子送到机构中，最担心的就是孩子无法得到无微不至的照护。照护者要以自己的专业素养，向家长证明自身有能力照护好每一个婴幼儿，能够像婴幼儿的父母或其他家人一样，呵护、关爱、欣赏婴幼儿，把婴幼儿的安全、健康成长放在心中，像爱自己的孩子那样爱护照护对象。照护者还应针对婴幼儿的个体差异，给予他们特别的爱。

问题2　为了引导孩子，奶奶经常说“只要你表现得好，我就给你吃好吃的”。你觉得奶奶的做法是否适宜呢？

解答　当婴幼儿表现良好时，及时鼓励与强化有助于提高婴幼儿的自信心、自尊心。强化可以是物质上的，也可以是精神上的，家长应采取多种形式进行，并注意引导婴幼儿对精神上的奖励的追求。同时，家长也应注意，对孩子的关注应是无条件的，而不应是有条件的，不能只在孩子出现良好行为时给予孩子关注和爱。

问题3　母亲工作会不利于婴幼儿的情绪与社会性发展吗？

解答　研究表明，母亲工作一般不会对婴幼儿的发展造成消极影响。在母亲参加社会劳动的家庭中，父亲参与抚养婴幼儿的机会增多，这对于婴幼儿性别角色的发展具有较积极的影响，女孩更有性别平等意识，自尊水平也更高。

问题4　当婴幼儿不听成人劝说、撒泼打滚时，能不能惩罚他呢？

解答　在某些情况下，惩罚是必要的。但要注意以下几点。首先，惩罚是为了降低某种不良行为未来发生的概率，因此一定要针对该行为进行。其次，要让孩子感受到惩罚是建立在对他们的爱的情感基础上的。最后，要想培养好的行为，有时也需要激发孩子的内疚感和羞愧感。

第二章　1岁以内婴儿情绪与社会性的发展及培育

通过学习本章，你将可以：

1. 了解1岁以内婴儿情绪与社会性的发展特点。
2. 掌握1岁以内婴儿情绪与社会性的培育要点。
3. 掌握1岁以内婴儿情绪与社会性的培育策略。

一、1岁以内婴儿情绪与社会性的发展特点与趋势

（一）1岁以内婴儿情绪与社会性的发展特点

1. 新生儿情绪与社会性的发展特点

新生儿一般是指自娩出后脐带结扎开始直至出生后28天的婴儿。刚出生几天的婴儿就会兴奋、激动。不过，这种情绪反应大多是先天性的，是一种本能，且与婴儿生理需要的满足直接相关。这一阶段婴儿主要的情绪与社会性表现包括以下方面。

①哭闹时，听到母亲的声音能安静下来。

②当成人对其讲话时，会变得安静；当被抱着时，呈现出独特的、有特征性的姿势，如像小猫一样紧紧地蜷曲起来。

③看见人的面部时，活动会减少。

2. 2~3个月婴儿情绪与社会性的发展特点

在生理成熟和后天环境的作用下，2~3个月的婴儿的情绪不断发展。这一阶

段婴儿主要的情绪与社会性表现包括以下方面。

①被逗引时，出现动嘴巴、伸舌头、微笑和摆动身体等反应。

②能忍受喂奶时的短时间停顿。

③看见主要养育者的脸时会笑。

④见到大人时，会通过手足舞动表示欢乐，能够自发地微笑或笑出声。

视频资源

3 个月宝宝的情绪与社会性发展状况

扫描文旁二维码，观看视频中妈妈和宝宝交流的情况，了解这个阶段婴儿的情绪与社会性发展水平。视频中，宝宝好像听懂了妈妈的话，在与妈妈咿咿呀呀地交流。[①]另外，从照片中，我们也可以看到与哥哥在一起时宝宝的社会性微笑。

这一阶段婴儿的关键情绪与社会性表现为：社会性微笑。

微笑，大约出现在 6 周的时候。婴儿吃饱了会笑，深睡时会笑，感受到温柔的抚摸、听到温柔的声音时会笑，看到有趣（动态）的事物时也会笑，如突然出现在其视野中的明亮的东西。这种微笑也会鼓励养育者给予婴儿更多的有益刺激，从而使婴儿笑的次数更多。到了 2 个月左右，婴儿开始对人发出社会性微笑。社会性微笑是当养育者亲近婴儿或满足他的某种需求时婴儿发出的微笑，这跟与生俱来的嘴部笑的动作是不同的。此外，婴儿在养育者照护他、逗他时会发出咯咯的声音。这种出声的笑是有个体差异的。

3. 4~6 个月婴儿情绪与社会性的发展特点

4~6 个月婴儿的情绪更加丰富。这一阶段婴儿主要的情绪与社会性表现包括以下方面。

---

① 视频由武洪影提供。

①会对着镜子中的自己微笑、发出声音，会伸手试着拍自己的镜像。

②会随着养育者情绪的变化而变化自己的情绪。

③看到养育者时，会将两手举起，期望被抱起。

④能辨别陌生人，见到陌生人时会盯着看、躲避、哭等。

⑤开始怕羞，会害羞地转开脸和身体。

⑥高兴时会大笑。

⑦让其独处或别人拿走他的小玩具时，会表示反对。

⑧会用哭声、面部表情和姿势动作与人沟通。

这一阶段婴儿的关键情绪与社会性表现为：大笑、生气、愤怒、伤心。

当婴儿处于不愉快的经历中时会表现出普遍的痛苦，如饥饿时、就医时。愤怒是一种强烈的社会性信号，即告诉养育者，他需要被安慰，以减少他的痛苦。伤心也是在痛苦的刺激下产生的反应。比如，如果和熟悉的养育者长期分离或得不到成人的细心照料，婴儿就会产生极度的悲伤。

视频资源

5 个月宝宝的情绪与社会性发展状况[①]

扫描文旁二维码观看视频。从视频中我们可以看到，与 3 个月时相比，宝宝有了更加明显的变化。和妈妈一起玩玩具、听歌曲时，宝宝的表情和动作更加丰富。爸爸帮着洗澡时，宝宝略显紧张，因为平时大多由妈妈帮着洗澡。但当爸爸给宝宝洗脸时，宝宝表现得比较开心。

4. 7~9 个月婴儿情绪与社会性的发展特点

7~9 个月婴儿主要的情绪与社会性表现包括以下方面。

---

① 视频由武洪影提供。

①懂得成人面部表情的含义，对成人说的“不”有反应，受责骂、不高兴时会哭。

②表现出对家庭成员的喜爱，面对熟悉的、喜欢他的成人时，会伸出手臂要求抱。

③面对陌生人时表现出各种行为，如转身、垂头、大哭，情绪不稳定，表现出忧虑。

④喜欢玩躲猫猫一类的游戏，而且会笑得非常激动、投入。

⑤会注视，会伸手去接触另一个宝宝。

⑥喜欢照镜子。

⑦会挥手再见、招手欢迎，喜欢玩拍手游戏。

⑧当成人从他那里拿走东西时，反抗强烈。

⑨听到表扬时，会高兴地重复刚才的动作。

这一阶段婴儿的关键情绪与社会性表现为：恐惧、陌生人焦虑、分离焦虑。

对于 7 个月以下的婴儿来说，所有的视觉刺激都不会引起代表恐惧的行为和表情；7 个月的婴儿开始对响声和不熟悉的玩具产生恐惧，恐惧值在 1 岁时达到最高水平，之后开始下降。

视频资源

8 个半月宝宝的情绪与社会性发展状况[1]

从视频中你可以看到，8 个半月的宝宝已经出现了恐惧等情绪，以及喜欢玩躲猫猫游戏、能与大人适当互动等社会性表现。

① 视频由甄淑丽提供。

5. 10~12 个月婴儿情绪与社会性的发展特点

10~12 个月婴儿主要的情绪与社会性表现包括以下方面。

①会模仿手势，会面部有表情地发出声音。

②喜欢玩重复的游戏，如拍手游戏、躲猫猫游戏。

③显示出更强的独立性，不喜欢被搀扶和被抱。

④更喜欢情绪交流活动，还懂得采取不同的方式。

⑤能够准确地表达愤怒、害怕、嫉妒、焦急、同情等。

⑥会通过哭引人注意。

⑦能够听从劝阻。

这一阶段婴儿的关键情绪与社会性表现为：恐惧、分离焦虑。

视频资源

12 个月宝宝的情绪与社会性发展状况①

扫描文旁二维码观看视频。从视频中可以看到，12 个月的宝宝面对陌生的玩具时很害怕，和爸爸一起玩拍手游戏时很愉快。

（二）1 岁以内婴儿情绪与社会性的发展趋势

1. 情绪的发展

（1）情绪的社会化

1 岁以内婴儿情绪与社会性的发展首先表现为基本情绪的发展。随着生理的成熟以及社会生活情境的丰富，婴儿会陆续出现多种情绪，如快乐、生气、愤怒等。

婴儿哭泣的发展分为以下三个阶段。

阶段 1：生理–心理激活（0~1 个月）。

---

① 视频由丁静提供。

阶段2：心理激活（1个月起）。

阶段3：有区别的哭（2~22个月）。

婴儿微笑的发展分为以下三个阶段。

阶段1：自发的微笑（0~5周）。

阶段2：无选择性的社会性微笑（5周起）。

阶段3：有选择性的社会性微笑（5个月起）。

婴儿陌生人焦虑的发展分为以下两个阶段。

阶段1：看到陌生人，表情会比较严肃（5~6个月）。

阶段2：看到陌生人，会比较苦恼（6~9个月）。

拓展阅读

陌生人焦虑

最初婴儿没有恐惧情绪。随着母婴关系的日益亲密，婴儿能很好地把主要养育者——母亲和陌生人区分开来，此时，陌生人的出现便会引起婴儿的恐惧、焦虑。例如，当陌生人靠近正在玩玩具的婴儿时，婴儿会非常紧张，在陌生人和母亲之间来回观看，并突然大哭起来。如果陌生人离去，婴儿就会慢慢平静下来。但如果陌生人又回来，婴儿还会大哭。这种反应称为陌生人焦虑。

研究表明，陌生人焦虑一般出现在婴儿6~8个月时。婴儿4个月前，连陌生人和熟人都不能区分，当然谈不上惧怕陌生人；4个月左右，婴儿开始能够区分陌生人和熟人了，但并不害怕陌生人，对陌生人的态度一般还是比较友好的，会对陌生人笑，但明显比对母亲笑得少；5~6个月时，婴儿见到陌生人时往往会表情严肃，笑得更少，但是仍然不会感到害怕；6~7个月时，婴儿见到陌生人时会感到害怕；8个月时，婴儿明显怕生。

若想进一步了解陌生人焦虑的产生原因，请扫描文旁二维码阅读相关文章。

（2）情绪的社会性参照

情绪的社会性参照是情绪的社会化过程中的一种重要现象，充分显示了情绪的信号作用和人际交往功能。

情绪的社会性参照是在婴幼儿发展的特定时期发生的人际情绪的交流和对他人情绪信息的利用，是在特定情境中进行的特定情绪交流模式。它包含婴幼儿对他人情绪的分辨和如何利用这些情绪信息来指导自己的行为两个方面。例如，陌生的商贩给婴儿一颗草莓，婴儿会先看看母亲，通过母亲的神情、语气判断能不能接受草莓。

研究发现，婴儿情绪的社会性参照能力经历了四个相互连接、逐步递进的发展阶段。

阶段 1：无面部知觉（0~2 个月）。

阶段 2：有面部知觉，但不具备情绪理解能力（2~5 个月）。

阶段 3：对表情意义有情绪反应（5~7 个月）。

阶段 4：在因果关系参照中运用表情信号（7~10 个月）。

由此可见，婴儿情绪的社会性参照能力是婴儿成长到 7 个月时才发展起来的。这是因为，这时婴儿具有了一定的活动能力，活动范围扩大，接触的事物增多，遇到陌生的情境、不确定的事件的机会也迅速增加。婴儿需要从母亲的面孔上寻找信息，理解和评价情境，以确定自己的反应，这使得婴儿的社会性参照能力不断提高。

情绪的社会性参照对婴儿的发展具有极其重要的意义。积极的社会性参照更能成为婴儿认知发展的媒介，促进婴儿探索新异情境和事物，进一步扩大活动范围，发展智慧能力；消极的社会性参照因其不适宜的参照信息与条件会对婴儿造成不良影响，如使婴儿有不良的情绪、行为体验，形成消极、懦弱的性格，限制婴儿的探索和操作，阻碍其智力的发展。[①]

---

① 江钟立：《人体发育学（第二版）》，127 页，北京，华夏出版社，2011。

2. 依恋的发展

依恋是婴儿与主要养育者（通常是母亲）之间最初的社会性联结，也是情感社会化的重要标志。其发展过程可分为以下三个阶段。

第一阶段：无差别的社会反应阶段（0～3个月）。

这个时期，婴儿对人的反应的最大特点是不加区分、无差别。婴儿对所有人的反应几乎都是一样的，喜欢所有的人，喜欢听到所有人的声音、注视所有人的脸，看到人的脸或听到人的声音时都会微笑、手舞足蹈。同时，所有人对婴儿的影响也是一样的，他们与婴儿的接触，如抱他、与他说话，都能让他高兴、兴奋，都能使他感到愉快、满足。此时的婴儿还未产生对任何人（包括母亲）的偏爱。

第二阶段：有差别的社会反应阶段（3～6个月）。

这时，婴儿对母亲、其他熟悉的人及陌生人的反应有了区别。婴儿对母亲更为偏爱，在母亲面前表现出更多的微笑、咿呀学语、依偎、接近；而在其他熟悉的人如其他家庭成员面前，这些反应要相对少一些；在陌生人面前，这些反应则更少。此时，婴儿还不认生。

第三阶段：特殊的情感联结阶段（6～12个月）。

从6个月起，婴儿对母亲的存在更加关注，特别愿意与母亲在一起。与母亲在一起时，婴儿会特别高兴；而当她离开时，婴儿会哭喊，不让母亲离开，别人无法替代母亲使婴儿快活；当母亲回来时，婴儿则马上表现得十分高兴。只要母亲在他身边，婴儿就能安心地探索周围环境，好像母亲是其安全的基地。这一切显示，婴儿对母亲有明显的依恋，与母亲建立了专门的情感联结。与此同时，婴儿对陌生人的态度变化很大，见到陌生人时，大多不再微笑，而是表现出紧张、恐惧，甚至哭泣、大喊大叫。

拓展阅读

8月焦虑

分离焦虑，即当婴儿与某个人建立了亲密的情感联结后，又要与之分离时，就会表现出伤心、痛苦，拒绝分离。由于大多数婴儿表现出分离焦虑的时间是在其8个月时，因此，这一阶段的分离焦虑又被称为8月焦虑。分离焦虑的发展也是有一个过程的。对于0~6个月的婴儿来说，虽然当某个人停止和他玩、离开他时，他也可能会哭，但是，此时的哭往往是因愉快交往的终止而造成的。这时，如果其他人来跟他玩，那么婴儿能很快地接受对方并安静下来。但是，6个月后，婴儿的反应变得明显不同，他明显地、更多地抗拒特定个体（一般为依恋对象，主要是母亲）的离开。当母亲离开时，他会非常不高兴、哭闹、不安。同时，他不愿意再接受其他人，即使其他人来跟他玩，他也一定要找母亲。这是婴儿情感与社会性发展中的一个很大的转折。

若想进一步了解婴儿分离焦虑的产生原因，可扫描文旁二维码，阅读相关文章。

依恋分为安全型依恋和不安全型依恋，不同的依恋类型对婴儿发展的影响是不一样的。影响依恋形成的因素有很多，如建立亲密关系的机会是否充分，是否频繁更换养育者和托育机构。无论是在家庭中还是在托育机构中，高质量的托育是形成安全型依恋的重要影响因素。为使婴儿向更好地适应生存的方向发展，养育者与照护者应关注安全型依恋的形成，给予婴儿积极的、无条件的关注和关怀，避免与婴儿长久的分离，以防止分离焦虑对婴儿的个性产生持久性不良后果，保证婴儿在爱的氛围中健康成长。

拓展阅读

恒河猴实验

20世纪50年代末，美国心理学家哈利·哈洛和他的同事们做了一系列恒河猴实验，向人们揭示了母婴之间的亲密互动对个体社会性发展的重要作用，提醒我们关注和重视早期亲子依恋问题。若想进一步了解此实验及相关实验结果，可搜索并观看纪录片《恒河猴实验》。

3. 同伴交往的发展

同伴关系是婴幼儿日常生活中，除亲子关系之外的又一重要社会关系。尽管同伴关系不像亲子关系那样持久和稳定，但是为婴幼儿提供了与众多伙伴平等和自由交流的机会。与同伴的交往使婴幼儿在更大的范围内体验到一种全新的人际关系，这是他们发展社会能力、提高适应性、形成友爱态度的基础。此外，同伴关系对婴幼儿情感、认知和自我意识的发展也具有独特的作用。同伴交往的发展主要分为以下几个阶段。

单方面的社交阶段——社交的第一步（0~6个月）。2个月以内的婴儿在哭时，和他在一起的其他婴儿也会哭，像是一种声援、同情或响应；3~4个月的婴儿能够与同伴互相触摸；5~6个月，婴儿往往会把同伴当作会动的玩具来看待，如会抓起对方的手啃咬等。6个月以前的婴儿还不能主动追寻同伴或从同伴那里得到他想要的反应，能对同伴做出反应，但并不具有真正的社会性质。这时的交往行为多是单向发起的，一个婴儿的社交行为往往不能引发另一个婴儿的反应。

简单交往阶段（6~12个月）。6个月以后婴儿的交往行为有了应答的性质，即一个婴儿的社交行为能成功地引发另一个婴儿的反应。交往行为具有了社会性，但形式简单，不经常发生。8~9个月的婴儿能主动爬向同伴，或跟随在同伴身后，他们开始协调自己的行为，以与同伴呼应。1岁时，更多的社交行为出现，如相互注视或相互模仿，通过注视与模仿，婴儿之间有了直接的相互影响和接触。

4. 自我的发展

自我的发生与发展对人一生的发展起着至关重要的作用，决定着每一个个体的行为方式、理想和信念。良好的自我发展状况能帮助婴儿提高成功动机，增加成功机会。因此，在关注婴儿智力发展的同时，也要注意婴儿良好的自我的发展。婴儿自我的发展可概括为以下几个阶段。

0~4个月。刚出生的婴儿已具有初步的自我概念。比如，新生儿听到自己的哭声和其他新生儿的哭声时反应是不同的。

5~10个月。婴儿显示出对镜像的兴趣，他们注视它、接近它、抚摸它，对它微笑。但他们对自己的镜像与对其他婴儿形象的反应没有区别。这说明他们并未认识到镜像是自己的像、自己与他人的差别，以及自己是独立存在的个体。因此，婴儿还没有萌生自我认知。

11～12 个月。婴儿表现出了对自己作为活动主体的认识，他们用自己的动作引起镜像中的动作。这一阶段，初步的主体我产生。

视频资源

照镜子

扫描文旁二维码，观看 8 个月的宝宝照镜子的视频。①

5. 气质的发展

气质是不受活动目的和内容影响的心理活动的动力特征。它表现出一个人生来就具有的自然特征。这是因为气质较多地受人体生物组织特性的制约，具有较强的稳定性，即所谓“江山易改，禀性难移”。不过，一个人的气质虽然具有较强的稳定性，但也具有一定的可塑性，是稳定性和可塑性的有机统一。

气质是婴儿与生俱来的倾向，只是人格的一部分。婴儿的神经系统和心理活动仍处在不断发展、变化的过程中，具有较强的可塑性，后天环境与教育对其发展的影响是不能被忽视的。父母要针对婴儿的气质类型，采取适应婴儿特点的养育行为。父母要建立亲密、有爱的亲子关系，促进婴儿健康成长。

二、1 岁以内婴儿情绪与社会性的培育要点

1 岁以内婴儿的情绪与社会性发展对其以后社会适应和良好个性的形成具有重要的意义。因此，养育者要明确与熟知对不同发展阶段婴儿的教养要点，为婴儿提供有效的指导策略，促进婴儿情绪与社会性的发展。

---

① 视频由甄淑丽提供。

（一）新生儿的培育要点

要让婴儿在空气清新、温度适宜、洁净温馨、安静的房间里自然入睡；提供母乳喂养，按需哺喂，母亲在哺喂婴儿时要心情愉快、面带微笑；让婴儿经常听轻柔的讲话声、音乐声或不同材料发出的声音；经常抚摸和搂抱婴儿，关注、理解婴儿的哭声等表达需求的信息，满足婴儿的需求，让婴儿充分享受母爱。

（二）2~3 个月婴儿的培育要点

与婴儿交流要亲切，要经常抚摸、搂抱婴儿，帮助婴儿建立安全型依恋；以张口、吐舌等各种表情和不同语调的声音逗引婴儿，使之逐渐学会模仿面部表情；逗引婴儿对亲近的人和声音产生反应，从微笑发展到笑出声，体验愉快情绪。

（三）4~6 个月婴儿的培育要点

要保证婴儿睡眠时间的充足，培养其自然入睡、有规律地入睡的习惯；经常呼唤婴儿的名字，让婴儿对成人的呼唤有转头、注视等反应；经常用讲话声、玩具声逗引婴儿转头寻找声源，鼓励婴儿用咿呀声与人交流；让婴儿常听儿歌和音乐，使之对熟悉的音乐有愉快的情绪反应；经常和婴儿玩躲猫猫的游戏，观察、寻找物体，体验亲子游戏的快乐；经常搂抱、抚摸婴儿，抱其走走、看看、听听，拓展其视野和活动范围；引导婴儿观察成人不同的面部表情，学习分辨具有明显情绪特点的表情、语调，对亲切的语言表示愉快。

视频资源

4 个月宝宝的人际交往[①]

扫描文旁二维码观看视频，想一想 4 个月的宝宝在与不同的人交往时情绪反应有何不同。

① 视频由陈国钰提供。

（四）7~9 个月婴儿的培育要点

要引导婴儿模仿学习用动作等方式与人交流，如用招手表示“再见”、用拍手表示“欢迎”；逗引婴儿模仿成人的发音，学习叫“爸爸”“妈妈”，学习用表情、动作、语音等回应他人；引导婴儿感知和体验高兴、喜欢、生气、痛苦等各种情绪情感。

（五）10~12 个月婴儿的培育要点

要帮助婴儿养成定时睡眠的良好习惯，逐步培养婴儿爱清洁的意识，以及在成人为其穿衣、剪指甲、理发和盥洗时的配合意识；帮助婴儿逐渐养成有一定规律的排便习惯，逐步学会有便意就向成人示意，在固定的地方排便；引导婴儿感知室内外各种物体，多与周围的人接触，学习用表情、动作、语音或简单的词等交流；和婴儿玩照镜子游戏，引导婴儿感知身体的主要部位；经常爱抚婴儿，及时肯定、鼓励婴儿适宜的态度和行为；引导婴儿感知和分辨高兴、生气、痛苦、严肃时表情和语调的不同。

三、1 岁以内婴儿情绪与社会性的培育策略

（一）在精心的喂养中促进婴儿情绪与社会性的发展

早期喂养除了给婴儿提供了生长发育所需的足够营养外，其过程也满足了婴儿心理发展的需要，对婴儿情感、认知和个性等的发展具有非常重要的意义。

父母应尽可能自己照顾孩子，减少祖辈照管孩子的时间。若有条件，应尽可能提供母乳喂养。母乳中包含代乳品无法供给的养分和抗体，同时，喂养过程也是一个母婴建立情感联系、婴儿对母亲产生依恋的过程。喂养时，母亲微笑着的脸、温柔的爱抚和注视能够使婴儿在生理、心理上得到满足。养育者的亲密接触和精心照管能够使婴儿对养育者产生信任感并与之建立起依恋关系，在这基础上，发展起对周围世界的信任感和安全感。缺乏和忽略这种早期关系和早期经验，有

可能导致婴儿变得胆小、易恐惧、易焦虑、呆板迟钝、孤僻不合群、好哭闹，产生人际交往障碍等。因此，养育者不但要合理搭配婴儿的营养膳食，而且要重视建立良好的喂养关系，以促进婴儿身心全面发展。

拓展阅读

饮食行为与人格的形成

弗洛伊德将人格发展分为 5 个阶段：口唇期、肛门期、性器期、潜伏期和生殖期。0～1 岁为口唇期。此时，婴儿的心理本能或驱力主要集中在口腔部位，婴儿通过吸吮、咀嚼来获得心理满足。口唇期又分为两个亚期。0～8 个月为“前口唇期”，动欲带为嘴唇和舌，婴儿通过吸吮和吞咽活动来获得心理满足。8～12 个月为“后口唇期”，主要动欲带为牙、牙龈和咽部，他们经常从吹泡泡、咯咯发声、咀嚼东西和吞食活动中获得满足。按照古典精神分析理论的理解，相应阶段的需要得不到满足可能导致婴儿人格的发展受挫，出现固着或倒退的情况，在成年后表现出人格的异常，如易苛求、无耐心、贪婪、易嫉妒、易狂怒、悲观等。

（二）在良好的物质环境中促进婴儿情绪与社会性的发展

安全、卫生的物质环境不仅是婴儿身体健康成长的重要保证，也会带给婴儿舒适的感受与愉快的情绪体验。

创设安全的物质环境。婴儿生活的环境首先必须是安全的，尤其是婴儿会爬后或正在学习走路时，更要注意家具摆放的位置，同时，使婴儿远离刀、热水瓶等危险物品。婴儿床要牢固，护栏的高度要适当，以确保婴儿的安全。

创设卫生的物质环境。创设温度适宜、空气流通、光线柔和的睡眠环境，让婴儿有充足的睡眠、足够的营养和周到的照顾。提供方便、卫生、易消毒的生活设施和玩具。为婴儿选购透气性强、宽松舒适的棉织衣物。卫生的物质环境是婴儿身体健康的重要保证。身体健康的婴儿，积极的情绪体验会比较多，也会有更多的精力与养育者进行积极、正面的互动与交流。

（三）在充满温情的心理环境中促进婴儿情绪与社会性的发展

养育者要从婴儿的需要出发，为婴儿情绪与社会性的发展创设充满温情的心理环境。良好的心理环境可以培养婴儿对他人的信任感，促进婴儿情感和社会性的健康发展。

1. 满足婴儿的情感需要

关注婴儿的情绪，并给予其积极回应，如微笑、爱抚、拥抱。当婴儿紧紧盯着养育者的脸的时候，不妨给他一些时间，让他看清楚养育者。随着身体的发育和认知水平的提高，他会有能力要求养育者把他抱起来，抱抱也是情感交流的一种方式。婴儿时常会很夸张地表达情绪，如开心了就会大笑、不开心了就会掉眼泪。所以，养育者的积极回应十分重要。

但要注意养育婴儿是很辛苦的。当养育者感到情绪不好或筋疲力尽时，尽量不要对婴儿发脾气，使婴儿受惊，也不要放任婴儿大哭而不抱他。如果婴儿真的让养育者很生气、很失望，那么，养育者可以暂时把婴儿交给其他人，平复自己的情绪后再回来照看婴儿。

2. 满足婴儿的交往需要

为婴儿提供与成人、同伴积极交往的机会，保证每日与婴儿交流、共同游戏的时间，消除其怕生、退缩等心理，克服分离焦虑。比如，可以多带婴儿外出，为婴儿寻找年龄相近的小伙伴，这会让婴儿感受到交往的快乐。

3. 满足婴儿的活动需要

给婴儿留出足够的活动空间，提供数量充足的、满足多种感知需要的玩具和材料，每天都要和婴儿玩一些适合他月龄的游戏，充实婴儿的生活，以满足婴儿的活动需要。在喜欢的活动中，婴儿的情绪能够得到发展。比如，3~4 个月时，帮婴儿练习翻身动作，扶着婴儿练习蹦跳动作；5~6 个月时，训练婴儿向前抓玩具，训练婴儿独坐、扶持站立片刻，以及为婴儿做被动体操；8 个月时，提供足够的空间支持婴儿爬行。足够的活动不仅能够促进婴儿身体的发展，也可以满足其自我认同和自我实现的需要。当掌握足够多的活动技能时，婴儿就会更有安全感和自信心。

（四）在差异化的养育中促进婴儿情绪与社会性的发展

从前面的内容中，我们已经了解到婴儿的气质可分为容易照看型、难以照看型和缓慢发动型三种常见类型。养育者需了解婴儿的气质类型，针对其特点进行抚养和教育。

1. 容易照看型婴儿的照护

这类婴儿容易适应新环境，总是情绪愉快，爱玩，对成人的招呼反应强烈，在整个婴儿期都受到成人的极大关注和注意。对于这类婴儿，养育者应在日常生活中注意发挥婴儿自身的积极性，抓住他们容易接受新事物的特点，不断为其提供接受新事物的机会，让他们保持对世界的好奇，尽可能丰富他们的生活内容。

2. 难以照看型婴儿的照护

这类婴儿对新刺激有畏缩情绪，较难接受变化。他们的心情总是不好，在游戏中也难以感到愉快，成人需要费很大气力才能使他们接受抚爱。由于成人的抚爱经常得不到正面反馈，成人和婴儿之间的关系往往较不亲密。由于这类婴儿需要特殊抚育，抚育中也存在特殊困难，因此，养育者往往会出现以下三种反应，进而觉得自己失职、不称职，感到不安或惭愧：第一种，他们可能会认为自己总在不自觉地拒绝婴儿或者不爱婴儿，进而认为自己不适合成为婴儿的养育者；第二种，他们会因此而责怪婴儿，怨恨婴儿对养育者有过多的要求；第三种，他们对婴儿经常性的大声哭闹和反抗感到束手无策，别无他法。

对于这类婴儿，养育者需要付出较大的体力和精力，努力摸索出婴儿的生活活动规律，为其安排安静的环境，避免婴儿遭到强光、噪声和其他种种不良刺激的干扰。养育者要努力调整自己的行为以符合婴儿的要求，保持心平气和、镇静自如，多加宽容和体贴，提供适度照护。

3. 缓慢发动型婴儿的照护

对于这类婴儿，养育者需要有特别的耐心，营造宽松、愉快的环境气氛，用积极的情绪和行动主动唤起婴儿的反应，切不可因一时得不到婴儿积极的回应而丧失信心。要让婴儿按照自己的速度和特点去适应新环境，避免对他们施加压力。随着年龄的增长，如果这类婴儿得到养育者的抚爱和正确的引导，气质上消极的方面就会向积极的方向转化，他们会慢慢地活跃起来，个性获得良好的发展。

对先天特性的改变需要长期的耐心和适当的方法。如果环境要求与婴儿的气质相符，婴儿就比较容易适应；如果环境要求与婴儿的气质不符，那么，即使原本是容易照看型的婴儿，也会变得难以抚养。

知识卡

良好匹配模型

美国著名心理学家托马斯和切斯提出了良好匹配模型。良好匹配模型的意思是：创设一种最适合儿童气质类型的教养环境，帮助儿童形成更具适应性的能力。良好匹配模型强调了儿童的气质类型与养育的匹配和契合。养育者要针对儿童的气质类型顺势而为，要用适合儿童的方式来养育儿童，帮助其适应周围的环境，关注儿童的长期发展。

（五）在游戏中促进婴儿情绪与社会性的发展

根据婴儿的发展特点，陪婴儿玩一些既有趣又有意义的游戏，可以促进其情绪和社会性的发展。

1. “对视与交流”游戏

此游戏可以帮助婴儿建立安全感和依恋关系。养育者对着婴儿微笑，并告诉婴儿：“我是 ××！”让婴儿看看养育者。同时，养育者可小幅度地摆动头部，看着婴儿的眼睛，亲亲婴儿的小脸。养育者最好每天都和婴儿玩这样的游戏，让婴儿感受并分辨养育者的面部表情和声音。

2. “拥抱和抚触”游戏

给婴儿喂奶的时候，抚摸是十分重要的。当你抱着他时，他可以自由地触摸你。你可以把婴儿的手放在你的脸上，让他的手触摸你的鼻子、嘴、头发和眼睛。你还可以轻轻地抚摸他的手，轻拍他的胳膊，同他低声细语。虽然婴儿还不会说话，但是没关系，你可以和他说话，如把婴儿的手放在你的鼻子上，告诉婴儿“这是鼻子”。

3. “哼唱歌谣”游戏

当触摸婴儿的时候，养育者可以哼唱相应的歌谣或念押韵诗；当抱着婴儿的时候，温柔地摇晃他的身体；也可以把婴儿放在养育者的大腿上，帮助婴儿随着歌谣或押韵诗做动作。婴儿可以通过亲密而有感觉的接触来提高安全感。

4. “想怎么吃就怎么吃”

给婴儿穿上围兜。把婴儿椅调得舒适些，在椅子的四周铺好旧报纸。将婴儿放进婴儿椅中，用安全带固定好。把一根香蕉切成几小块，放在婴儿用的盘子里，然后放到婴儿面前。接下来，让婴儿随心所欲地处置他面前的香蕉吧，任他用手抓、放到嘴里、粘到脸上或扔到地上。你要关注婴儿的一举一动，保证他的安全，在婴儿吃东西的时候，一定不要让他噎着。

5. “与同伴玩”游戏

让婴儿坐在小推车上，到户外散步。观看大孩子们玩耍。“瞧，哥哥姐姐玩得多开心！”“他们在做什么游戏呢？”“这里有宝宝的好朋友！”尽管婴儿还不会和同伴玩，但他对同伴很感兴趣。

6. “学会再见”游戏

当某位养育者出门时，可以对婴儿说：“我要出去了，再见。”同时，向陪伴者和婴儿摆摆手。陪伴者拉起婴儿的手，边向养育者摆手边说“再见”。渐渐地，婴儿听到养育者说“再见”，或者看见养育者离开时，就会摆手表示再见。

7. “追逐”游戏

游戏开始，一位养育者抱着婴儿，对婴儿说：“宝宝，××（其他养育者）呢？我们去追他吧。”××假装逃跑，养育者抱着婴儿去追，追到后可扶着婴儿的

小手触摸 ×× 的脸颊、鼻子等，逗婴儿笑。养育者可调换角色，婴儿非常喜欢玩追逐的游戏。

8. “东躲躲西藏藏”游戏

养育者用双手遮住自己的脸，让婴儿寻找养育者。养育者说：“宝宝，×× 呢？ ×× 不见了，快来找 ××。”当婴儿用手扳开养育者的手时，养育者高兴地说：“宝宝真厉害，找到 ×× 了！”游戏进行一段时间后，养育者和婴儿的距离可以逐渐加大，让婴儿爬过来寻找。游戏中还可以用一些色彩鲜艳或能发出声响的玩具吸引婴儿，提高游戏的趣味性。

9. “宝贝真能干”游戏

家中成人上班出门前，可将帽子、手套等放在婴儿够得到的地方，然后要求婴儿“把帽子递给我”“把手套也递给我”。如果婴儿做对了，就谢谢他，并戴着帽子、手套出门去，使婴儿感到他确实为成人做了事。成人下班回家后，可让婴儿为成人拿拖鞋。婴儿会很乐意完成任务。养育者不仅要夸他聪明能干，而且要赞扬他是个好孩子，以此培养其乐于助人的好品质。

10. “宝宝懂礼貌”游戏

握手问好：见到人时，养育者主动去握手，并说“你好！”，同时让婴儿模仿与人握手，理解问好的意义。拍手欢迎：见到客人来时，养育者拍手示范，教婴儿两手对拍的动作，边拍边说“拍手，拍手！”“欢迎，欢迎！”。点头谢谢：接受客人送的礼物或别人的帮助时，教婴儿点头致谢并代婴儿说“谢谢！”。

拓展阅读

母婴同步性

同步性是养育者与婴儿之间一种协调的交流与互动。这种交流与互动不仅反应速度快，而且带有声调与节奏。同步性使婴儿学会转头等社会互动技能，并读懂别人的情绪。虽然婴儿会模仿父母，但同步性常常是从成人模仿婴儿开始的。妈妈模仿宝宝的姿势，或者对着宝宝微笑，说一些事情来回答宝宝。妈妈每这样做一次，中间都略有停顿，以给宝宝一次轮流交谈的机会，好像宝宝在这种交流中是一个很有能力的人。当父母从婴儿的表情和身体动作中觉察到某种情绪并做出反应时，婴儿也学会了把内部状态与外在表情相连接。

宝宝几个月之后，这种母婴之间的协调活动仍然保持着。但这时的交流有了新的内容和形式，宝宝开始主动影响他的妈妈。他友善地注视着妈妈，对着妈妈微笑，并咿咿呀呀地说话。这种母婴同步性强化着妈妈和宝宝之间的关系，甚至在很大程度上影响着宝宝成年以后与家庭的关系。

同步性是必要的吗？答案是肯定的。2个月的婴儿就对静止的面孔表现出困惑。6个月时，困惑更加明显。父母静止的面孔尤其让婴儿困惑不解。婴儿会皱眉头、流口水、看别处、踢腿、哭泣或吃手等。如果母亲抑郁，那么她的孩子也可能抑郁。因此，婴儿的发展需要积极的社交互动。

本章小结

本章首先介绍了1岁以内婴儿情绪与社会性的发展特点，其中包括不同月龄的婴儿情绪与社会性的发展特点，以及不同内容的情绪与社会性的发展特点。其次，列出了1岁以内婴儿情绪与社会性的培育要点，并提出了在精心的喂养中、在良好的物质环境中、在充满温情的心理环境中、在差异化的养育中、在游戏中针对不同婴儿的个体差异进行因材施教等培育策略。

小任务

任务1 交流与互动有助于养育者、照护者和婴儿之间建立起依恋关系。请参考以下方式，在照护婴儿时与其进行交流与互动。

①表情交流。做不同的表情来逗引婴儿。

②眼神交流。当婴儿刚刚睡醒睁开眼时或给婴儿喂奶时，用温柔的眼神凝视婴儿。

③肢体交流。婴儿抚触是一种非常好的肢体交流方式。除此之外，在日常的照护中，也要多亲亲、抱抱他。

④言语交流。当婴儿醒来时，养育者及照护者可以抱着他，叫他的名字；给婴儿换衣服时，一边说“多么可爱的小肚子，小肚子！”，一边亲吻他的小肚子；给婴儿洗澡时，调皮地往婴儿的小肚子上滴点水，这时，如果婴儿嗯嗯、咕咕地叫，养育者及照护者也要学着他的样子嗯嗯、咕咕地叫。

任务2 爸爸具有促进婴儿社会性发展的作用。请参考以下建议，引导、鼓励爸爸与婴儿互动。

①“举高高”等游戏常常逗得婴儿大笑，使他们体验到更多的兴奋、愉快与满足，变得更加活泼、开朗。

②爸爸经常性地给婴儿洗尿布、洗澡，能够给婴儿一种心理暗示，有助于他们之间良好关系的建立。

③爸爸坐在椅子上，让婴儿平躺在你的大腿上，双手托住婴儿的头部。一边轻轻地左右、前后摇晃身体，一边注视着婴儿，跟他说话或唱歌。

④爸爸可以和婴儿玩一些小游戏，如“挠痒痒”等，这有助于提高婴儿参与的积极性。

任务3 躲猫猫是最受婴儿欢迎的一种社交性游戏，是促使婴儿与养育者之间建立联系的有效方式。请在照护婴儿时利用身边的环境与婴儿玩躲猫猫的游戏。

任务4 镜子不仅是促进婴儿社会性发展的有益玩具，而且有助于丰富婴儿的视觉体验，是婴儿的好朋友。尝试按照以下步骤与婴儿玩游戏。

①养育者及照护者可以把婴儿的手臂抬起，或者摸摸婴儿的脸蛋，帮助婴儿建立视觉与触觉之间的联系。

②养育者及照护者一边摸婴儿的小鼻子、小眼睛、小嘴巴等，一边告诉婴儿其位置及名称，提高婴儿对五官的认知。

③养育者及照护者可以对着镜子微笑或者做一些鬼脸，让婴儿跟着做。婴儿

就会明白原来自己做某个动作时看起来是这样的。

④养育者及照护者让婴儿主动去摸一下镜子里的自己，感知自己的存在，同时认识镜子是什么。不过，在婴儿照镜子的时候，记得不要让他单独拿镜子，以免不小心打碎镜子。

常见问题解答

问题1　我家有个“夜哭郎”，这该怎么办？

小宝已经3个月大了，生活逐渐有了规律，只是每天从下午五六点到晚上八九点都会毫无缘由地号啕大哭。渴了？饿了？尿布湿了？遇到这种情况该怎么处理呢？

解答　针对婴儿这种现象，首先确定是否存在肠绞痛等生理问题。如果不是生理方面的原因，养育者就不用太担心。很多婴儿在两三个月的时候，每天都会在大致相同的时间段内哭泣。这是婴儿身体和心理健康发展的标志。随着认知的提高，婴儿已经逐渐能够区分白天和黑夜了。婴儿需要适应这种黑白交替的生活，所以会在黑白交接的时候发出自己的信号。随着婴儿的成长，大约在4个月时，这种情况下的大哭会逐渐停止。

当我们了解了这种情况后，可以在哭泣还没开始前做好准备。可以陪婴儿玩一些他喜欢的游戏，如用一个毛巾被把婴儿裹起来，拽住毛巾被的角轻轻地摇晃婴儿等，让他的快乐情绪得以延续。

有时婴儿一旦开始哭，便不再理会养育者的百般哄劝，不哭够是决不罢休的。我们可以尝试着寻找让婴儿舒服的方法。比如，把婴儿竖着抱起来，摸摸他的小脸蛋、小耳朵，带婴儿到阳台上透透气。告诉婴儿，夜晚要来临了，养育者会一直在他的身边。

问题2　婴儿特别黏人，怎么办？

女儿现在6个月大，平时主要由我（妈妈）带她。最近，我发现她特别黏我，哪怕我去趟超市，她发现我不见了都会大哭。我回来后，她也要求我必须抱着她，否则就会哭闹。如果我有事需要离开，如何让她接受其他养育者呢？

解答 一般来说，婴儿的分离焦虑在6~8个月时出现，在1~1.5岁时达到顶峰，这与婴儿的表达能力提高、探索范围扩大、分离机会增加有关。为了提高婴儿的安全感和信任感，养育者必须处理好婴儿的分离焦虑。

首先，确保分离时的环境和照看婴儿的人是婴儿熟悉的，也可以把婴儿熟悉、喜欢的玩具或妈妈的物品放在婴儿身边。这些能带给他安定、信任的玩具或物品可以让婴儿舒服许多。

其次，在必须和婴儿分离的情况下，最好给婴儿一点适应的时间。建议父母先陪伴婴儿，直到他比较放松后再离开。分开时的一句“再见”，既是父母对婴儿很重要的承诺，也是婴儿对父母产生信心的基石。

最后，对于年龄稍大、正在学习行走的婴儿来说，养育者可以和他玩躲猫猫或藏东西的游戏。这有助于让婴儿建立客体永久性，明白东西不见了还可以找到、父母离开了还会再回来。

问题3 婴儿吃手怎么办？

宝宝已经11个月大了，吃手的问题却越来越严重。睡觉时要吃手，肚子饿时要吃手，白天没事时也要吃手。该怎么办呢？

解答 婴儿需要吸吮。刚出生的婴儿对吸吮有一种天生的需要，如果吸吮的需要没有得到满足，他就会想办法自己满足自己——吸吮手指，这是一种替代和安慰。当婴儿睡醒后，不要让他在小床上待太久，以免因感到很无聊而把手放进口中吸吮。当婴儿吸吮手指时，转移他的注意力。最好用婴儿喜欢的玩具逗引他用手去拿，增加手的活动，或经常带婴儿到室外活动，使婴儿的注意力集中在他觉得好玩的事物上，从而忘记将手放入口中。养育者也可多与婴儿玩耍、交谈，使婴儿情绪稳定。

问题4 有些母亲会出现产后抑郁，产后抑郁会对婴儿造成不良影响吗？

解答 产褥期抑郁症是指产妇在分娩后出现的包括悲伤、沮丧、烦躁，甚至自杀或杀婴倾向等一系列症状的心理障碍，是产褥期精神综合征中一种常见的类型。通常在产后2周出现，其病因不明，可能与遗传因素、心理因素、社会因素等有关。沮丧或不安的母亲通常无法对婴儿的需求做出迅速而敏感的反应。

发表在《儿童发展与精神病理学》(*Child Development and Psychopathology*)上的一项研究发现，如果婴儿的母亲临床上长期抑郁，那么婴儿的大脑活动也会呈现异常模式。因此，母亲要咨询该如何应对产后抑郁。如果母亲感到筋疲力尽，那么应适当给自己一点独处的时间。为人父母，尤其是既有责任心又勤奋的父母，是很容易在养育婴儿的过程中感到疲惫的。母亲需要时间给自己补充能量。

第三章　1~2 岁幼儿情绪与社会性的发展及培育

通过学习本章，你将可以：

1. 了解 1~2 岁幼儿情绪与社会性的发展特点。
2. 掌握 1~2 岁幼儿情绪与社会性的培育要点。
3. 掌握 1~2 岁幼儿情绪与社会性的培育策略。

一、1~2 岁幼儿情绪与社会性的发展特点与趋势

（一）1~2 岁幼儿情绪与社会性的发展特点

1~2 岁是幼儿情绪与社会性发展的关键时期。研究发现，这个年龄段的幼儿自我意识明显增强，情绪的内容、情绪的表达方式更加丰富多样，一定的社交技能逐渐形成，亲社会行为开始显现。

1. 1~1.5 岁幼儿情绪与社会性的发展特点

1~1.5 岁幼儿情绪与社会性的发展具体表现出下列特点。

①喜欢与熟悉的成人或哥哥姐姐一起游戏。

②能够认出镜子中的自己。

③出现共情的萌芽。

④愿意服从成人的要求、听从简单的指令。

⑤分离焦虑达到顶峰。

⑥能够通过摇晃身体、视觉回避等调节情绪。

⑦能够识别成人的面部表情并做出反应。

⑧愿意与亲近的养育者或照护者分享食物、玩具。

这一阶段幼儿关键的情绪与社会性表现体现在共情和社会性参照上。

共情是指对他人情绪状态的情绪反应。13～14 个月时，幼儿会接近并安慰处于痛苦中的孩子。18 个月时，幼儿不仅会接近处于痛苦中的人，而且会提供各种特殊的帮助。例如，他们可能会把自己的玩具给一个玩具坏了的孩子或拿创可贴给割破手指的成人。

社会性参照即面对不确定的情境时，主动地从可信赖的人那里寻求情绪信息。1～2 岁幼儿的参照对象从父母发展到其他人。在一项研究中，13～15 个月的幼儿面对一个玩偶。当玩偶掉落时，研究者会发出无意义的音节并分别伴有六种基本情绪——伤心、恐惧、愤怒、惊讶、高兴、厌恶的表情及声音信号。当伴有负向情绪时，幼儿会产生退缩行为，不再靠近玩偶；当伴有正向情绪时，幼儿玩玩具的时间则会延长。1.5 岁的幼儿开始懂得别人的情绪反应与自己的情绪反应可能是不同的。在一项研究中，研究者给幼儿看花椰菜和曲奇饼，并做出喜欢花椰菜、讨厌曲奇饼的表情。当研究者要求幼儿和他分享食物时，18 个月的幼儿能根据研究者先前的表现，给予研究者他喜欢的花椰菜，而不是自己喜欢的曲奇饼。[①]社会性参照促使幼儿将他人与自己对事件的评价进行比较，并且对自己的行为进行调整。社会性参照的发展使幼儿能更好地理解他人的感受、想法，这为同情心、移情能力的发展打下了基础。

2. 1.5～2 岁幼儿情绪与社会性的发展特点

1.5～2 岁幼儿情绪与社会性的发展具体表现出下列特点。

①出现自我意识的情感，如羞愧、尴尬、内疚和自豪。

②开始用语言来协助进行情绪的自我调节。

③会使用表达感情的词。

---

① ［美］劳拉・E. 伯克：《伯克毕生发展心理学　从 0 岁到青少年（第 4 版）》，陈会昌等译，197 页，北京，中国人民大学出版社，2014。

④能接受养育者的离开。

⑤能用自己的名字或人称代词来指代自己。

⑥能根据年龄、性别、身体特征等把自己和他人进行分类。

⑦会根据性别的不同，表现出对玩具不同的偏好。

⑧出现自我控制。

⑨频繁说“不”。

⑩能帮助妈妈做家务（扔垃圾、整理物品）。

⑪能用拥抱或亲吻来表达对养育者的感情。

⑫能与同伴相互模仿。

⑬会为玩具与同伴发生冲突。

这一阶段幼儿关键的情绪与社会性表现是自我意识的情感的出现。

除了基本情绪外，人还有一种较为高级的情绪，即复杂情绪，如内疚、羞愧、尴尬、嫉妒和自豪。它们被称为“自我意识的情感”（self-conscious emotions）。有研究表明，当人伤害了别人或想改正自己的错误时，会感到内疚。此时，个体对自己的行为就持一种消极态度，想回避别人，不希望别人看到自己的失败。自豪反映了因获得成就而产生的快乐，以及愿意把自己做得好的事情告诉别人的倾向。

自我意识的情感在 1 岁半以后出现，因为 1.5~2 岁的幼儿越来越把自己看作唯一、独特的个体。感到羞愧和尴尬时，他们会低下头、用手捂住脸或转身离开。他们也会表现出类似内疚的反应。当一个 22 个月的幼儿把他从同伴那儿抢来的玩具还回去时，会拍拍那个伤心的同伴。自豪也在这个阶段出现了。例如，一个 19 个月的幼儿每天都会在父母下班后给父母递拖鞋，此时，他会给自己鼓掌，脸上也会露出喜悦的笑容。

（二）1~2 岁幼儿情绪与社会性的发展趋势

1. 情绪的发展

（1）1~2 岁幼儿情绪的发展阶段

阶段 1：情绪出现。情绪的出现贯穿整个童年期。第一年出现的情绪除了基本情绪外，还有得意、沮丧等。1～2岁的幼儿有了更多的自我意识，出现了发窘、妒忌、蔑视等情绪。

阶段2：幼儿理解自己的情绪。2岁的小女孩在受到父亲的责骂后很生气，会冲爸爸喊："我很生气，爸爸，我走了，再见。"1～2岁幼儿的情绪宣泄是一种简单的宣泄，他们的愤怒是彻底的愤怒，高兴也是完全的高兴。情绪迅速转变是他们这个年龄段的典型特征。例如，前一分钟还在激动地喊"不"，后一分钟就可能会钻进你的怀里让你抱他。

阶段3：幼儿认知他人的情绪。1～2岁幼儿能够依赖面部表情分辨他人的情绪。例如，一个2岁的小女孩注意到另一个孩子在哭，于是，她指着这个哭的孩子说："老师，他哭了，他伤心了。"但是，这个阶段的幼儿认知他人的情绪主要依靠身体表现的线索，还不能结合当时的情境，也很难理解在同一时间内一个人可以体验两种情绪。

阶段4：幼儿完成童年期的情绪任务。根据埃里克森对人生发展阶段的划分，1～2岁幼儿对应第二个发展阶段——自主对羞怯。这一阶段的关键是幼儿认为自己是一个独立的、能自我指导的人，还是一个对自我价值满怀疑虑的人。主要的情绪任务为发展自主性。自主性的发展从肌肉控制（抓住、松开）开始，然后扩展到对社会生活的控制。自主性很好的幼儿会做自己能做的事；缺少自主性的幼儿则相反，能做某事却没有去做。成功地度过这一阶段的幼儿会知道"我可以做决定，我能自己做一些事"。

（2）1～2岁幼儿情绪的发展特点

①情绪的内容不断丰富。1～2岁幼儿的情绪已从1岁之前的高兴、惊讶、悲伤、恐惧、愤怒、厌恶等基本情绪中衍生出更为复杂的情绪。随着情绪的不断分化，情绪由简单到复杂。2岁幼儿可以有满意、得意、嫉妒、烦恼、挑衅、沮丧、羞愧、惊慌等20多种情绪。复杂情绪是若干个基本情绪的组合，相关研究证实了这一观点。例如，嫉妒这一情绪是由一些害怕、一些厌恶和少许愤怒几种情绪组合而成的。

②情绪具有社会化的意义。社会性情绪最大的特点是带有社会意义，具有人

际交往的指向，是幼儿社会性发展中的重要部分。社会性情绪涉及幼儿社会性发展中的情感因素，是指幼儿从人际交往和社会行为的反馈中产生的蕴含着社会意义的情绪。例如，当妈妈观看宝宝的搞笑视频后开心地笑起来时，宝宝也会跟着大笑。

③情绪的表达从借助动作、表情到借助语言。1 岁的幼儿主要通过面部表情、动作等表达自己的情绪。例如，通过微笑表达高兴，通过紧蹙眉头表达不高兴，通过用手推开表达对物体或人的害怕。随着幼儿语言能力的发展，当幼儿能说出“不”“害怕”“喜欢”等字词时，他们可以借助语言表达自己的情绪。

④情绪调节能力发展，调节方式多样化。情绪调节能力是把情绪强度调节到恰当水平，以更好地达到目标的能力。1 岁左右时，幼儿独立行走的能力使他们能接近或离开各种情境，同时，他们会采取一些策略，如摇晃身体、视觉回避、通过玩耍转移注意力等，更好地调节自己的情绪。2 岁左右时，幼儿语言能力的发展使他们产生了新的情绪调节方式，他们开始谈论情绪，通过描述自己的内心状态来使他人帮助自己调节情绪。例如，在听了有关妖怪的故事后，宝宝会带着哭腔说：“妈妈，我害怕。”妈妈就会给宝宝一个拥抱来安慰他。

研究表明，在前 2 年里，良好的情绪调节能力对幼儿自主性、认知及社交技能的发展起着重要作用。

2. 依恋的发展

（1）1~2 岁幼儿依恋的发展阶段

根据鲍尔比对依恋阶段的划分，1~2 岁幼儿依恋的发展主要分为以下两个阶段。

明确的依恋阶段（1~1.5 岁）。幼儿对主要养育者的依恋已非常明显，他们积极寻求与养育者的亲近。到 15 个月时，分离焦虑达到顶峰。幼儿会因妈妈上班而烦躁不安，妈妈回来后便一直黏在妈妈身边，要妈妈抱抱，并在妈妈再次准备离开时表现出明显的抗拒。但分离焦虑并非一直存在，它取决于幼儿的气质和当前的情境。

双向关系的形成阶段（1.5~2 岁）。研究表明，到 1.5 岁时，很少有幼儿只对一个人产生依恋，有的幼儿会有 5 个或以上的依恋对象。因此，这个阶段也被称为多重依恋阶段。2 岁末，表征和语言能力的迅速发展使幼儿开始理解父母的离开和返回，并能预测他们的返回。例如，幼儿在妈妈上班前能够微笑地和妈妈说再见，或者向妈妈“飞吻”、拥抱妈妈，他们理解了妈妈是去上班，下班了就会回来。

（2）1～2 岁幼儿依恋的发展特点

①依恋的对象从母亲逐渐扩大到父亲、祖父母、哥哥姐姐。幼儿最初的依恋对象是母亲，随后，幼儿会对家庭中其他成员发展出不同程度的依恋。苏格兰的一项研究证实了这一观点。研究发现，在 18 个月的幼儿中，只依恋母亲一个人的幼儿只有 5%；其他的幼儿在依恋母亲的同时还对父亲（75%）、祖父母（45%）和哥哥姐姐（24%）产生了依恋。[①]这些依恋关系同样非常重要，因为当主要养育者不在身边时，幼儿和更多人建立关系的能力能够保证他们的生存及安全感的建立。

②依恋的类型可能会发生变化。德国的瓦特纳在对幼儿 1 岁时的依恋类型能否预测 6 岁时的依恋类型的研究中发现，安全型依恋的预测准确率达到 90%，不安全型依恋则为 75%[②]；瓦特斯和他的同事发现，样本中 72% 的安全型依恋的婴幼儿在 20 年后仍然属于安全型依恋[③]。丁艳华对幼儿进行纵向研究的结果显示，安全型依恋的幼儿比不安全型依恋的幼儿更容易保持原有的依恋类型，幼儿的依恋类型总体趋向稳定，但存在着安全型向不安全型、不安全型向安全型转变的可能。[④]

依恋类型的转变可能与家庭经济水平有关。生活在经济水平较高的家庭中，幼儿多数能够建立起比较安全和稳定的依恋关系；对于经济水平较低的家庭来说，

---

① ［美］罗斯 · D. 帕克、［美］阿莉森 · 克拉克 – 斯图尔特：《社会性发展》，俞国良、郑璞译，88 页，北京，中国人民大学出版社，2014。

② ［美］罗斯 · D. 帕克、［美］阿莉森 · 克拉克 – 斯图尔特：《社会性发展》，俞国良、郑璞译，99 页，北京，中国人民大学出版社，2014。

③ ［美］罗斯 · D. 帕克、［美］阿莉森 · 克拉克 – 斯图尔特：《社会性发展》，俞国良、郑璞译，100 页，北京，中国人民大学出版社，2014。

④ 丁艳华：《母婴依恋关系的影响因素及其对幼儿期认知和行为发展作用的研究》，博士学位论文，复旦大学，2012。

随着收入的增加，父母的生活压力逐渐减小，他们陪伴幼儿的时间变多，和幼儿互动的质量提高，幼儿的依恋类型也可能从不安全型转变为安全型。一些研究就证实了 1 岁时幼儿的不安全型依恋在 4 岁时会转变为安全型依恋，这可能与家庭环境的变化有关，也可能与沟通方式更加有效，便于父母理解幼儿的真实意图有关。[①]此外，有积极的家庭关系和朋友圈的幼儿也可能从不安全型依恋转变为安全型依恋。当家庭环境发生重大变化（如父母失业、重病、死亡等）、创伤性事件增加（如父母离婚、祖父母去世等）或亲子交流质量下降时，幼儿的安全型依恋可能会转变为不安全型依恋。[②]还有一部分幼儿会从一种不安全型依恋转变为另一种不安全型依恋。[③]

总体来说，不安全型依恋向安全型依恋转变的可能性要大于逆向转变的可能性。影响幼儿依恋类型转变的主要因素包括父母的特点（婚姻质量、在抚养中的敏感性）、家庭环境（养育质量、教养人数、家庭经济水平）以及幼儿自身的特点等。

3. 同伴交往的发展

（1）1~2 岁幼儿同伴交往的发展阶段

从个体认知发展视角，缪勒和白莱纳将 2 岁之前婴幼儿同伴交往的发展划分为三个阶段。

第一阶段：客体中心阶段。在这一阶段，交往往往集中在玩具或其他东西上。很多研究证实 1 岁之前婴儿的交往符合这个阶段的特点。

第二阶段：简单互动阶段。在这一阶段，幼儿已经能对同伴的行为做出反应，经常企图去控制另一个幼儿的行为。研究者针对此阶段的幼儿提出了“社交指向

---

① ［美］罗斯·D. 帕克、［美］阿莉森·克拉克－斯图尔特：《社会性发展》，俞国良、郑璞译，100 页，北京，中国人民大学出版社，2014。

② ［美］罗斯·D. 帕克、［美］阿莉森·克拉克－斯图尔特：《社会性发展》，俞国良、郑璞译，100 页，北京，中国人民大学出版社，2014。

③ 丁艳华：《母婴依恋关系的影响因素及其对幼儿期认知和行为发展作用的研究》，博士学位论文，复旦大学，2012。

行为”的概念。“社交指向行为”是指意在指向同伴的各种具体行为。这些行为发生时总是伴随着对同伴的注意，也总能得到同伴的反应。这些行为的目的在于引起同伴的注意，并与同伴取得联系。1～2 岁幼儿的交往符合这个阶段的特点。在一项对 1～1.5 岁幼儿交往特征的研究中，所有幼儿都对其周围的其他幼儿非常注意，经常与同伴发生身体接触，产生互相对笑或说话、相互给予玩具等行为。因此，从这个阶段开始，幼儿拥有了真正意义上的同伴交往。

第三阶段：互补性互动阶段。这一阶段出现了内容和形式更为复杂的社会交往，幼儿之间的相互影响持续的时间更长，模仿已较普遍，还有互补互惠的角色出现。这一时期幼儿交往最主要的特征是同伴之间进行社会性游戏的次数明显增加。

在一项对 10～24 个月幼儿社会性游戏的发展特点的研究中，研究者将幼儿分成 10～12 个月、16～18 个月和 22～24 个月三组，每组幼儿和自己的母亲、不熟悉的同伴及其母亲在一起。结果表明，16～18 个月、22～24 个月两组幼儿的社会性游戏明显多于单独游戏；相比于 10～12 个月的幼儿，他们更喜欢与同伴玩，与同伴游戏的次数明显多于与母亲玩的次数。综上所述，1～2 岁幼儿的社会性游戏次数迅速增加，互动持续的时间也更长，和成人相比，他们更喜欢与同伴互动。

从社会技能发展视角，研究者把 2 岁之前婴幼儿同伴交往的发展划分为四个阶段。

第一阶段：单方面社交行为阶段。此阶段的幼儿有交往的行为，但多数行为都是单方面的，得不到同伴的回应。

第二阶段：社会性相互影响阶段。此阶段的幼儿的交往行为能得到同伴的反馈和应答。12～18 个月的幼儿常把同伴看作自己可以操纵的、有趣且有反应的“玩具”，因此，他们会观察同伴，向同伴打手势、微笑或大笑。

第三阶段：同伴游戏阶段。此阶段的幼儿表现出主动加入游戏的特点，出现轮流、替换、模仿和互补等行为。到 18 个月时，几乎所有的幼儿都有与同伴交往的愿望与行为，这是典型的社会性交往。同时，他们也会彼此模仿。例如，听到同伴在旁边喊叫，幼儿也会跟着喊叫起来；一个正在玩积木的幼儿看到同伴在玩小汽车，很可能会放下手里的积木，跑过去玩小汽车。

第四阶段：早期友谊阶段。此阶段的幼儿之间出现了分享、情感交流，甚至表现出了偏好和倾向性。后期的研究也证实了这个阶段的存在。

（2）1~2 岁幼儿同伴交往的发展特点

①社交技能具有一定的复杂性。幼儿学会了走路，并且能够使用词语进行交流，交往时间也随之变得更长。幼儿之间的游戏涉及相互间的目光交流、对社交行为做出适当的回应、做出交换行为等。通常，这些游戏具有相互模仿性。幼儿的模仿能力迅速发展，这为之后的合作奠定了基础。

社交技能包括与同伴协调的能力；模仿同伴的活动和知道被同伴模仿的能力；行为轮换的能力，包括观察同伴—向同伴做出反应—观察并等待—再向同伴做出反应等；帮助和分享的能力；对同伴的行为做出恰当回应的能力。

这些技能使得 1~2 岁幼儿的社会交往更有效，并有助于引发总体上更为积极的交往活动。然而，他们的社会交往中同样也伴随着冲突。霍姆伯格的研究发现，对于 12~18 个月的幼儿来说，接近一半的同伴互动中包含冲突。海和罗斯的研究发现，有 87% 的 21 个月大的幼儿至少会经历一次冲突；在冲突中失败的幼儿比胜利者更可能经历下一次冲突。[①]鲁宾等人的研究还发现，通常发起冲突的人是最外向、最主动的幼儿。

②幼儿会主动学习社交技能。豪斯的研究发现，幼儿会非常关注并模仿年龄较大的伙伴之间的交往，并发起与他们的交往。这证实了 1~2 岁的幼儿会通过观察、模仿以及主动发起交往活动的方式学习社交技能。

③友谊的萌芽产生。罗斯等人的研究表明，幼儿会通过相互交换积极的建议来建立互惠关系。可以说，他们之间产生了初步的友谊。很多研究也认同 1~2 岁的幼儿之间存在友谊。豪斯将幼儿友谊的特征归纳如下：至少能够对同伴的建议做出回应；至少能完成一次互补的或互惠的两两交流；至少能在一次交流中证明有积极情感的存在。范德尔和米勒认为，只要幼儿之间发起的积极的社会交往

① 钱文、俞晖：《婴幼儿社会性发展与教育》，149 页，上海，上海科技教育出版社，2019。

比他们与其他人在一起时的社会交往多，就证明他们之间存在友谊。如上所述，1～2 岁幼儿之间的确是存在友谊的，然而这个阶段的友谊有别于年龄较大的幼儿之间的友谊。不可否认的是，这些早期关系能够为幼儿期友谊的建立和维持奠定坚实的基础。

4. 自我的发展

（1）1～2 岁幼儿自我的发展阶段

根据卢文格对自我发展阶段的划分和凯根的“结构—发展”理论，1～2 岁幼儿的自我发展阶段对应的是冲动性的阶段。幼儿往往容易被攻击的冲动吸引，情绪易变化。这时的幼儿往往强调“不”和“我来做”。

根据安纳耶夫对自我意识的发生过程的划分，1～2 岁幼儿对应的发展阶段如下。

第一个阶段：能从动作对象中区分出自己的动作。例如，1 岁末的幼儿在摆弄玩具的过程中，偶然弄掉了玩具，成人捡起来递给他。过了两次之后，幼儿会故意把玩具扔出去，还表现得非常高兴。这说明，此时的幼儿已经能把扔的动作和玩具掉到地上联系起来，体会到自己的能力，认识到自己是活动的主体。

第二个阶段：能够叫出自己的名字。安纳耶夫认为，在相当长的一段时间内，幼儿在谈自己时不使用第一人称代词“我”，而是叫自己的名字。他把幼儿叫自己的名字的能力看作促进自我意识形成的最重要的因素，并把这个因素和以自己的愿望及动作的表象为概括形式的“自我感觉”能力的出现联系起来。

第三个阶段：使用“我”“我有”。安纳耶夫指出，当幼儿在会话中有意识地使用代词“我”时，说明其正在“从自己的表象向关于自己的思想过渡”。

哈特依据客体我与主体我的发展理论，将幼儿自我认知的发展划分为五个阶段。1～2 岁幼儿对应的发展阶段如下。

12～15 个月。这个阶段的幼儿已经能区分自己做出的动作与他人做出的动作的不同，对自己的镜像与自己的活动之间的关系有了清楚的觉知。这说明幼儿已经能够把自己与他人分开，主体我得到了明确的发展。

15～18 个月。这个阶段的幼儿开始把自己作为客体来认识，认识到客体特征来自主体特征（如自己鼻子上的红点与镜像中的红点的关系），对主体的某些特征有了稳定的认识。这反映了在客体我水平上的自我认知。这个阶段的幼儿开始觉知到自己的身体特征，他们会饶有兴致地看镜子里的自己，做出腼腆的表情。在“点红实验”中，15个月的幼儿能够明显地意识到自己的鼻子上有一个标记，并会主动去擦这一标记。

18~24个月。这个阶段的幼儿已具有用语言表达自己的能力，能意识到自己的独特特征，能从客体中认识自己，这表明幼儿已具有明确的客体我。例如，2岁左右的幼儿会指着照片中的自己，用名字或第一人称“我”来指代自己。当幼儿刚能够把两三个词串在一起时，他们就开始大声地描述自己。这些小家伙会骄傲地宣布“我两岁”“我是女孩”。

（2）1~2岁幼儿自我的发展特点

我国研究者刘凌选取了15名15个月的幼儿，纵向追踪观察至其23个月，从视觉自我认知和言语自我认知两个方面进行了研究。结果发现，幼儿的自我认知从15个月开始出现，并随着年龄的增长而发展。其中，幼儿视觉自我认知一般发生于第17个月，幼儿言语自我认知一般发生于第21个月。幼儿视觉自我认知的发展经历了镜像自我认知—客体定向能力—照片自我认知的过程，其中，镜像自我认知是视觉自我认知出现的标志；幼儿言语自我认知的发展经历了从使用名字表述自己（如豆豆吃饭）到使用第一人称表述自己（如我吃饭）的过程。①

自我分类，是指按照一定标准把自己和他人进行分类。研究表明，18~30个月的幼儿开始根据年龄、性别、身体特征等把自己和别人进行分类。例如，18个月时，幼儿会在选择玩具时表现出明显的性别偏好，女孩更喜欢选择娃娃，男孩更喜欢选择小汽车。

自我控制，是指个体通过自主调节行为，使其与个人价值和社会期望相匹配。自我控制是道德发展的基础。自我控制的第一个表现——服从出现在12~18个

① 刘凌：《婴儿自我认知的发生、发展及其与母婴依恋的关系》，博士学位论文，辽宁师范大学，2009。

月。此时，幼儿会揣摩养育者的心愿和期望，并能服从简单的要求和命令。研究者发现，延迟满足（让幼儿等待一段时间后再去做一件有诱惑力的事情）使得幼儿在吃东西、打开礼物、玩玩具之前的等待能力逐渐增强。不过，此时幼儿的自我控制仍依赖于父母不断的提醒和监督。自我控制存在个体差异。总体来说，注意力和语言发展水平较好的、拥有爱鼓励的父母的幼儿的自我控制能力更强，女孩的自我控制能力相比于男孩更强。

此外，自我的发展还突出表现在对约束的“反抗”上。1～2 岁的幼儿有突出“我”的强烈愿望。当这种愿望受到约束时，幼儿容易产生反抗心理，会做出一些与成人指令相对立的事情，通过抵抗成人的指令来体现自己的自主性，表现为不听大人的吩咐，爱发脾气。这个时期的幼儿会走了，心理活动的独立性提高了，对成人的心理依赖比以前减弱了，于是，出现了什么事都要自己做的现象。他们不懂得“该”和“不该”，只想要满足自己的需要。若被拒绝，逆反心理立刻就会出现。但是，对于多数幼儿来说，反抗行为远少于服从行为。

5. 社会性行为的发展

社会性行为是人们在交往活动中对他人或某一事件表现出的态度、言语和行为反应，是社会化过程的产物。按照社会性行为的动机和目的，社会性行为可以分为亲社会行为与反社会行为。

亲社会行为的发展对幼儿心理健康的发展有重要影响，能促进幼儿社会交往能力的形成，有利于幼儿养成良好的行为习惯。亲社会行为既是幼儿个性形成和发展的重要方面，也是幼儿成年后建立良好人际关系的重要基础。一般在 1～2 岁幼儿身上能够观察到的亲社会行为有安慰行为、分享行为、助人行为、合作行为等。

攻击性行为作为一种最具代表性的反社会行为，是以伤害别人或物体为目的的破坏性行为。大量研究证实，个体早期的攻击性行为对其成年后的攻击性行为具有较强的预测作用。幼儿的攻击性行为不仅会影响其道德行为的发展，若不加以干预或矫正，任其不断升级并延续到青少年时期，还会造成其今后人际关系的紧张和社会交往的困难。

攻击性行为可以是直接的身体侵犯、言语攻击，也可以是间接的心理攻击。

也有心理学家将攻击性行为分为工具性攻击和敌意性攻击。工具性攻击是指攻击行为指向物品，个体为了获得某物体、权力或空间而做出抢夺、推搡、殴打等动作，攻击性行为在这里只是一种手段或工具。例如，有些幼儿为了争夺同伴手中的玩具或者绘本，对同伴实施抢夺、推搡等攻击性行为。敌意性攻击是指攻击性行为指向人，其根本目的是打击或伤害他人。例如，幼儿有意推倒同伴，导致同伴大哭的行为。对于 1~2 岁的幼儿来说，身体侵犯要多于言语攻击；工具性攻击更多，敌意性攻击较为罕见。

1~2 岁幼儿社会性行为的发展特点如下。

（1）出现亲社会行为的萌芽

海的研究发现，到 1 岁时，幼儿会主动向父母甚至陌生人展示、分享自己的玩具。加纳等人的研究发现，到 2 岁时，幼儿会表现出一系列亲社会行为，如给予言语建议（“小心”）、直接帮助（帮助另一个孩子找回玩具）、分享（给姐妹食物）、帮助分散注意力（合上让妈妈伤心的书）、提供保护（尝试着避免他人受伤、遭受痛苦或打击）。共情是这个阶段幼儿同情心的主要表现形式，如看见妈妈伤心流泪，幼儿也会跟着流泪。有研究显示，18~24 个月的幼儿能够与父母开展合作游戏了。除此之外，1~2 岁的幼儿还会出现安慰痛苦的人、帮父母做家务（帮妈妈拿餐巾纸）等亲社会行为。此时，幼儿表现出的亲社会行为并不是真正的亲社会行为，只是亲社会行为的萌芽，研究普遍认为 2~3 岁的幼儿才会真正表现出亲社会行为。

（2）以工具性攻击为主

研究指出，12 个月的幼儿在一起时，已开始显露攻击性行为。大多数攻击性行为涉及玩具和其他所有物，并指向同龄伙伴，攻击父母或年龄较大的幼儿的情况相对较少。前面提到，87% 的 21 个月大的幼儿至少会经历一次冲突，而这些冲突中 72% 与抢夺物品有关。由此可见，1~2 岁幼儿的攻击性行为以工具性攻击为主。

二、1~2 岁幼儿情绪与社会性的培育要点

（一）情绪的培育要点

为促进 1~2 岁幼儿情绪的发展，需要从情绪识别、情绪体验、情绪表达以及环境支持等方面予以注意。

①正确解读幼儿的情绪语言。

②与幼儿建立安全型依恋关系。

③帮助幼儿完成该阶段的情绪任务，培养自主感，提供必要的帮助，让幼儿完成一些具有一定难度的任务，体验成功感。

④富有表情地引导幼儿注意环境中的重要方面，就幼儿对物体和事件的评价给予情绪反应。

⑤鼓励幼儿表达积极情绪。

⑥疏导幼儿的负面情绪。

⑦提高与幼儿分享情绪（谈论情绪）的对话频率，这有助于提高幼儿准确表达自己情绪的能力。

⑧积极回应幼儿的情绪。

一个 2 岁幼儿清晨起床后流露出不快的神情。妈妈看见了，立刻温和地问幼儿："宝贝，你怎么了？为什么看起来不开心？"幼儿说："我不想让你去上班。""为什么呢？""我想和你玩。"妈妈耐心地解释了自己为什么要去上班，并给了幼儿一些有趣的玩具和图书，让他在家和奶奶一起玩。幼儿渐渐露出了微笑。

⑨帮助幼儿克服入托焦虑。

⑩创建和谐的家庭环境。

（二）依恋的培育要点

为促进 1~2 岁幼儿依恋的发展，养育者可关注以下几个方面。

①营造温暖的家庭氛围，让幼儿感受到安全感，给予他们充分的爱与关怀。

②了解、尊重幼儿的个性发展特点（气质类型）。

③提高养育质量，采用敏感的养育方式，即对幼儿的需要做出迅速、一致、恰当的反应。温柔、细心地抱着他们。

④给予幼儿目光接触、身体接触，让幼儿获得被承认、被尊重的感觉。

⑤根据不同的依恋类型，进行有针对性的培养。

第一，安全型依恋幼儿。父母应继续给予幼儿积极的回应，并努力为其营造健康的家庭氛围。

第二，拒绝型依恋幼儿。拒绝型幼儿比较被动，对新刺激有畏缩反应，较难接受变化。父母要有耐心和信心，在使幼儿接受抚爱的同时，努力发现并总结其生活活动规律，调整自己的行为以符合幼儿的要求，但也要特别注意把握好变化的度。

第三，回避型依恋幼儿。父母需要有足够的耐心，营造宽松、愉快的环境氛围，用积极的情绪和行动主动唤起幼儿的反应。如果得到父母的抚爱和正确的教育，那么这类幼儿会向积极的方向转化，形成安全型依恋。

（三）同伴交往的培育要点

为促进 1~2 岁幼儿同伴交往的发展，应注意的培育要点如下。

①积极为幼儿提供与同伴接触的机会。

②鼓励幼儿与同伴积极、主动交往。

③通过示范、讲故事、讲解的方式，引导幼儿学习交往的方法与技能。

④观察幼儿与同伴交往的方式。

⑤协助幼儿处理与同伴之间的关系。

⑥规范不适当的指向同伴的行为。

⑦提供物质支持（适宜的玩具），提高幼儿与同伴交往的积极性。

（四）自我的培育要点

为促进 1~2 岁幼儿自我的发展，需要从自我认知、自我体验和自我控制等方面予以注意。

①通过日常生活或游戏，帮助幼儿了解自己的身体。

②父母均应参与到养育幼儿的过程中，树立良好的性别榜样。

③放手让幼儿去玩。

④当幼儿在摆弄物体或玩具时，不打断幼儿。

⑤父母可陪幼儿一起在户外玩游戏。

⑥肯定、鼓励幼儿的玩法，让他们体验到玩耍带来的幸福和快乐。

⑦多采用纵向评价，帮助幼儿看到自己的进步，提高他们的自信心，形成积极的自我体验。

⑧允许幼儿积极参与活动，培养他们的主动性、独立性。

⑨对幼儿做出温和而敏感的反应。

⑩若有趣的活动必须停止，提前提醒幼儿。

⑪多催促、提醒幼儿。

⑫若幼儿表现出自控行为，用言语和拥抱加以赞许。

⑬若幼儿表现出持久的注意力，给予鼓励。

⑭重视幼儿的语言发展。

⑮逐渐增加符合幼儿能力的规则。

⑯使用爱和说服的教育方法，避免使用体罚。

⑰提供适当的榜样（家长、同伴、教师），使幼儿通过观察，进而模仿榜样，产生自我调控行为。

（五）社会性行为的培育要点

为促进 1~2 岁幼儿亲社会行为的发展，应注意的培育要点如下。

①采用温暖、引导型的教养方式。

②敏感地把握幼儿的感受和需要。

③给予幼儿适当的自由。

④慎重使用惩罚，要使用讲道理、引导的方式处理问题。

⑤引导幼儿识别他人的表情、考虑他人的感受。

⑥赞许幼儿的分享、帮助等亲社会行为。

⑦采取榜样示范法。

⑧为幼儿选择正面的电视节目、图书和伙伴。

为避免 1~2 岁幼儿产生攻击性行为，应注意的培育要点如下。

①对幼儿实施明确的行为指导和活动监督。

②采用正确的教育方法，父母的教育观应达成一致。

③构建积极的亲子关系。

④对幼儿的哭闹、需求及时回应。

⑤培养幼儿的移情能力。

⑥以身作则，做幼儿的榜样。

⑦注意自身的修养，在幼儿面前避免使用暴力。

⑧当幼儿出现行为问题时，要讲道理，让幼儿知道什么是对的、什么是不对的，如打人、推人、抢夺玩具等行为都是不对的。

⑨控制不良视听媒体的影响。

⑩引导幼儿合理宣泄情绪。

综上所述，1~2 岁幼儿情绪与社会性的发展涵盖了情绪、依恋、同伴交往、自我、社会性行为等方面。在教养过程中，养育者及照护者需要在环境上给予支持，在态度上给予尊重、关怀、鼓励与积极回应，在行为上给予方法技能的指导。只有采取正确的方法，以身作则，才能更好地促进 1~2 岁幼儿情绪与社会性的发展。

三、1~2 岁幼儿情绪与社会性的培育策略

（一）给予幼儿充分的尊重

在幼儿的社会性发展过程中，他人给予幼儿足够的尊重是必要的前提。陈会昌在多年研究的基础上，提出了尊重教育理论。他认为，尊重是把自己和他人看成独立的、自由的、完整的以及具有独特天性、人格和尊严的人。具体内容如下。

1. 尊重 1～2 岁幼儿的个性特征与个体差异

正如世界上没有两片叶子是一模一样的，每个幼儿由于遗传或气质的不同，其个性特征也不尽相同。养育者或照护者必须意识到气质或性格不分好与坏，养育或教育要针对不同的特点采取适宜的教育方式。同时，虽然个体发育的速度、成熟度不同，但并无优劣之别。因此，也应对幼儿的个体差异予以尊重。比如，不要横向比较，要纵向比较，要培养自信，使幼儿在他的能力范围内，不断取得成功。

2. 尊重 1～2 岁幼儿的情绪表达方式，倾听幼儿的表达

1～2 岁幼儿的情绪已发展得较为丰富，但情绪表达能力还不完善。由于语言表达能力还处于比较薄弱的阶段，除了通过清晰地说出“不要”“我要”来表达自己的需求外，1～2 岁幼儿还会通过表情、哼哼呀呀的声音或动作来表达他们的情绪。养育者或照护者应尊重他们表达需求及情绪的特点，倾听他们的表达。这样有利于他们形成积极的情绪，为后期获得良好的沟通、协商等社交技能打下坚实的基础。

3. 尊重 1～2 岁幼儿的发展特点，满足他们的需要

1～2 岁幼儿动作能力迅速发展，对未知世界的探索欲极为旺盛。他们喜欢翻箱倒柜，喜欢对物体进行投掷、搬运，抠、拧、撕、敲、拼装、搭建是他们尤为擅长的动作。卫生间、厨房是他们进行探索活动的秘密场所，里面似乎藏着永远探索不完的秘密……养育者或照护者需要认识到这是 1～2 岁幼儿为满足动作发展需要、探索未知而进行的正常活动，如对物体的投掷、搬运能够帮助他们更好地感知空间方位。养育者或照护者应细心观察幼儿的活动，尊重他们的发展特点，了解他们的需求，并予以满足。

（二）正面教育

1. 正向表述对幼儿的要求

脑科学的研究表明，幼儿的大脑工作机制与成人存在明显的差异。幼儿大脑的兴奋功能明显强于抑制功能，也就是说，幼儿能够较好地接收并执行使其大脑

兴奋的指令，比较难以接收使其大脑抑制的指令。例如，当幼儿听到妈妈说“我们一起来搭高楼吧”时，很愿意开展搭建的活动；但当妈妈说“不要再把卡片扔在地上了”时，幼儿却不愿意执行。

因此，面对 1~2 岁的幼儿，养育者或照护者在向他们发出指令时，应使用正向的语言表述，即“要做什么”，而非“不要做什么”。同时，在表述时应注意句式简单、语气温和，尽量少用复杂的语句以及禁止、命令的语气。例如，18 个月的幼儿把实物卡片扔得到处都是，当妈妈说“宝贝，你能找到消防车的卡片吗？捡起来拿给妈妈”时，幼儿会停止扔卡片的动作，捡起卡片并交给妈妈；当妈妈说“不许再扔卡片了，再扔就把卡片收起来，不许再玩了”时，幼儿非但不会停止扔卡片的动作，还可能挑衅般地边笑边扔。

2. 关注幼儿积极的社会行为，及时称赞、鼓励幼儿

幼儿是需要得到成人的肯定和鼓励的，尤其是与他们亲近的成人。当幼儿出现积极的社会行为时，养育者或照护者要及时称赞、鼓励幼儿。例如，当幼儿扔垃圾时，父母给予赞许，久而久之，他会在没有成人的要求和提示下，主动、自觉地将剥下来的水果皮扔掉，帮助成人把包装纸扔掉。肯定、赞许、鼓励有助于帮助幼儿认识到这种行为对他人的积极影响，增加幼儿的成功体验，提高他们的自信心，养成良好的生活习惯。这样既有利于促进他们自我的发展，也有利于促进亲社会行为的发展。

3. 言传身教，为幼儿树立正面的榜样

班杜拉的观察学习理论显示，幼儿可以通过观察身边的人来学习他们的行为。如果成人不加干预，那么幼儿观察学习到的将既包括正面的行为，也包括负面的行为。因此，为幼儿树立正面的榜样是十分必要的。1~2 岁的幼儿在生活中会观察成人及同伴说话的语气、方式和行为举止，并加以模仿。例如，一个 22 个月的男孩在听到哥哥姐姐大声喊叫后，也会跟着喊叫起来。因此，为了让幼儿有良好的情绪与社会性行为，养育者及照护者需要以身作则，并对幼儿的同伴加以选择，为幼儿树立正面的榜样。

4. 重视积极的言语交流与非言语交流

个体的社会性发展是在交往中进行的，良好的交流是促进幼儿情绪与社会性发展的重要条件。一方面，要重视与幼儿之间积极的言语交流，认真倾听幼儿的话，充分利用时间和幼儿交流，以幼儿的兴趣为对话的基础，鼓励幼儿用语言表达自己的想法。另一方面，要通过非言语交流建立与幼儿的积极关系。非言语交流包括用面部表情、躯体姿势等多种方式交流。我们在与幼儿进行非言语交流时需要做到以下几点。

①关注幼儿的非言语信号。

②表达温暖和关怀时，靠近幼儿站、坐或蹲，说话时确保幼儿能平视你的眼睛，身体向幼儿倾斜。

③保持经常但不连续的目光接触。

图片资源

养育者（照护者）与幼儿的互动

作为 1~2 岁幼儿的养育者（照护者），我们该如何建立与幼儿的良好关系，促进幼儿情绪与社会性的发展呢？扫描二维码，你会看到一些互动的瞬间。

（三）创设适宜幼儿发展的环境

情绪与社会性的良好发展离不开适宜的环境。能够促进 1~2 岁幼儿情绪与社会性发展的环境需要具备以下特征。

1. 利于亲子交往的家庭环境

家庭是 1~2 岁幼儿生活的主要场所，良好的家庭环境有利于积极的亲子关系的形成。父母需要采取正确、适宜的教养方式，给予幼儿积极的关注，对他们的行为做出及时反应。充满爱和关怀的、温馨的家庭环境有利于幼儿形成良好的情绪，产生良好的社会性行为。

2. 促进同伴交往的户外环境

随着幼儿行走能力的发展，他们更渴望去户外与同伴游戏。父母应经常带幼儿外出，创造与同伴交往的机会，鼓励幼儿与同伴交往。通过与同伴的相互模仿、游戏，幼儿可以学习更多的社会交往技能。

3. 支持探索的物质环境

1~2 岁幼儿动作发展趋于完善，能够独立摆弄物体。对于好动、行动力强、破坏力强的 1~2 岁幼儿来说，既要为他们提供可供摆弄的物体，又要为他们提供可供摆弄的空间，允许他们动，陪他们动。让幼儿爬，让幼儿玩水，让幼儿玩瓶瓶罐罐。这些看似具有破坏性的行为，在满足了幼儿好奇心的同时，也很好地培养了他们活动的自主性，这对促进幼儿社会性的良好发展尤为重要。

4. 宽松适宜的心理环境

对幼儿自主性的研究发现，宽松的氛围是幼儿自主性发展的必要前提。只有拥有了宽松的环境氛围，幼儿才能够比较主动、大胆，才能够在自我选择的前提下实现自我控制。宽松的氛围既需要父母给予幼儿足够的爱与尊重，使他们在心理上与成人没有隔阂和距离感；也需要父母给予幼儿一定的自由活动的空间和时间，这种自由能够降低他们的紧张感，使他们愉快地玩耍、自由地交流，从而产生愉快的情绪体验。宽松的氛围还有利于幼儿形成积极的自我认知，获得积极的自我体验，进而提升幼儿的自信心。

（四）提供丰富多样的游戏

游戏既是幼儿最喜爱的活动，也是促进幼儿自主性、情绪、社交技能发展的重要途径。因此，要为 1~2 岁的幼儿提供丰富多样且适宜的游戏。

1. 提供亲子游戏的机会

父母与幼儿的游戏有助于良好的亲子关系的形成，利于幼儿获得良好的情绪体验。

拓展阅读

适合 1~2 岁幼儿的亲子游戏

藏猫猫：妈妈和宝宝讲清楚游戏规则。宝宝选择一个地方藏起来，从一数到三之后，妈妈寻找，找到之后轮换成妈妈藏、宝宝找。可以藏在门后、窗帘后，或者用布、小毯子把自己遮盖住。注意，门不能反锁，遮盖的布或者小毯子不能太厚、太大，保证幼儿可以自己掀开，这个阶段的幼儿还不适合在衣柜中躲藏。

坐飞机：爸爸或妈妈坐在床上或者沙发上，宝宝坐在爸爸或妈妈的双脚上。爸爸或妈妈双腿并拢，抓住宝宝的双手，伴随着童谣或结合游戏情境抬起、抖动双腿。比如，可以在开始时说，“飞机即将起飞，请各位旅客坐在自己的座位上，系好安全带（提醒宝宝抓好妈妈的双手）”。飞机起飞即抬起双腿。为提高趣味性，可增加相关情节，“各位旅客，前方有气流，可能会有颠簸，请坐在自己的座位上，系好安全带”。颠簸即左右腿交替抖动，身体也随之倾斜。

红绿灯：爸爸或妈妈把红色和绿色的纸片分别粘在左右手的手心。当爸爸或妈妈举起绿色纸片的时候，宝宝可以行走或舞蹈；当举起红色纸片的时候，宝宝要立刻停下来。

适合 1~2 岁幼儿的亲子游戏有很多，父母应选择场地限制小，材料易满足、可替换甚至不需要材料的游戏。幼儿更需要的是父母在游戏中的陪伴与支持。

2. 提供与同伴游戏的机会

1~2 岁幼儿会采取旁观的方式或通过平行游戏来模仿同伴的游戏行为，进而提升游戏技能。因此，父母应增加幼儿与同伴游戏的机会。例如，通过玩沙游戏，宝宝向旁边的姐姐学会了用铲子将沙子装到桶里，拍、铲、倒的动作得到了锻炼，手部的精细动作和肢体的协调能力都得到了发展。

3. 提供适宜的游戏材料，供幼儿自主游戏

1~2岁幼儿集中注意力的时间变长，对于感兴趣的事物，他们能操作十几分钟甚至更长时间。例如，1岁半的乐乐可以不停地推拉小车20分钟，22个月的苗苗可以自己摆弄磁力片半小时。父母应细心观察，发现幼儿的兴趣点，提供其感兴趣的、适宜其操作的游戏材料，给幼儿自主游戏的空间和时间。

（五）布置幼儿力所能及的任务

邹晓燕从自主性行为的表现出发，将幼儿自主性的结构划分为三个方面：自我依靠、自我控制和自我主张。自我依靠在幼儿身上的表现是自己的事情自己做，其反面是依赖；自我控制的表现是幼儿能够克制自己的不合理愿望，服从规则，其反面是任性；自我主张的表现是幼儿较少受到外界的干扰，相对能够坚持自己的意见，其反面是从众。1~2岁幼儿的情绪任务即发展自主性。由于1~2岁幼儿的身体动作有了较为快速的发展，他们已经能够对生活中的物品进行搬运、摆放，因此，父母可以在幼儿力所能及的范围内，为幼儿布置他们能够完成的小任务。在完成任务的过程中，幼儿会体验到一种自豪感，逐步形成自主性和自我控制能力。

拓展阅读

1~2岁幼儿力所能及的小任务

扔垃圾（适合18个月的幼儿）：可以按照从扔幼儿自己的垃圾（尿不湿）、扔生活中的垃圾（果皮、废纸等）、按照要求帮助他人扔垃圾、主动帮助他人扔垃圾、自觉养成扔垃圾的习惯的顺序进行。由于幼儿的发展存在个体差异性，扔垃圾的具体时间可适当调整。例如，有的幼儿不到1岁就可以自由行走，手的动作也发展得较好，可以提前完成扔垃圾的小任务。

拿拖鞋（适合12个月的幼儿）：要求幼儿认识爸爸、妈妈或其他家人

的拖鞋，并在爸爸、妈妈下班或出门回来时递上拖鞋。也可以更换为帮妈妈拿纸抽等其他任务。注意应在幼儿弯腰、转身、低头、下蹲等相应动作发展成熟后，布置适宜的任务。

整理物品（适合 18 个月的幼儿）：要求幼儿将物品摆放到指定的位置上。例如，幼儿喜欢把物体从架子上拿下来或把抽屉里面的东西拿到外面。父母可以在这些看似具有破坏性的行为出现之后，向幼儿提出把它们放回去的要求。生活物品也可以更换为幼儿的玩具。

拿自己的餐具（适合 20 个月的幼儿）：在幼儿能够进行一连串的动作（使用小板凳够高处的东西），并且具有初步的自我控制能力之后（不会随意地扔手里的物品），在每次吃饭或加餐前，可以要求他拿自己的餐具。父母应在一旁观察，必要时（没有站稳或有跌倒的危险时）提供及时的帮助。这既可以提高幼儿的自主性，也可以帮助幼儿建立起对物品的归属感。具体时间和内容不是绝对的，应结合对幼儿的观察和了解进行。

自己洗手或刷牙（适合 18 个月的幼儿）：在经过一段时间的练习，幼儿习惯了洗手、刷牙（不抵触）之后进行。以洗手为例，可以允许幼儿玩水，“宝宝，我们一起去玩水吧”比直接让他洗手更能调动其参与的积极性。妈妈可以先帮助他洗手或在旁示范，再过渡到让幼儿自己“搓泡泡”。当幼儿具有一定的控制力时，可以让他自己接洗手液，增加趣味性的同时提高他的胜任力。同样，刷牙也可以按照妈妈做示范、妈妈帮助幼儿刷、要求幼儿帮助妈妈刷的顺序进行。由于年龄太小，1～2 岁的幼儿不能完全独立地完成刷牙或洗手的全部环节，完成部分环节即可。

扫描文旁二维码，阅读图文，更直观地了解 1～2 岁的宝宝会做哪些事情。

亲自动手带来的成功体验要比语言上的鼓励（“你可以，相信你自己”）更能让幼儿相信自己的能力，带来的成就感也更强。这些小任务既可以提升幼儿在生活中的自主性和独立性，增加自豪感，提高自信心，又能培养其助人行为等亲社会行为。因此，在幼儿力所能及的范围内，父母应尝试放手，让幼儿大胆去做一些能顺利完成或带有一定挑战性的小任务，让幼儿更加独立、自主，感受成功的喜悦，不断提高自信心。

本章小结

本章从情绪、依恋、同伴交往、自我、社会性行为各方面阐述了1~2岁幼儿情绪与社会性的发展特点与趋势。结合上述内容，提出了1~2岁幼儿情绪与社会性的培育要点，并从给予幼儿充分的尊重、正面教育、创设适宜幼儿发展的环境、提供丰富多样的游戏、布置幼儿力所能及的任务五个方面提出了可操作性强、实用性强的培育策略。

小任务

任务1 尝试组织一次适合13~18个月幼儿的亲子活动。可从以下两个活动中选择或自己设计活动。

①开心华尔兹。准备一首三拍子的歌曲。教师示范并引导家长抱着幼儿边听边随音乐慢慢摇晃身体。家长抱着幼儿随着音乐走圆圈，并在走圆圈的过程中，时而踮脚，时而转圈。在欣赏音乐的同时，促进亲子间的交流。

②找朋友。两个幼儿面对面站立。幼儿的家长分别牵着幼儿的左右手站在幼儿的两边。家长和幼儿随着音乐《找朋友》做动作。“找呀找呀找朋友，找到一个好朋友。（家长牵着幼儿向前走。）敬个礼呀握握手，你是我的好朋友。（面对面站立的家长、幼儿互相热情地打招呼，握握手，抱一抱。）”

注意，家长要保持快乐的情绪，以自身情绪感染幼儿，让幼儿感受到交往的快乐。若游戏过程中幼儿有害怕情绪，家长可以先抱着幼儿在一旁观看，等到幼儿愿意参加时再加入。

任务2　尝试组织一次适合19～24个月幼儿的亲子活动。可从以下两个活动中选择或自己设计活动。

①分水果。在水果时间，准备几种切好的或洗好后可以直接吃的水果，水果数量要多于家庭成员或玩伴的总人数。示意幼儿今天有一大盘水果，教师表示非常想吃。引导幼儿分一块水果给教师，教师吃了以后表示非常好吃，并感谢幼儿。提示幼儿给其他成员分水果，其他成员感谢幼儿，表达开心的情绪。这个游戏需要提前和家庭成员或玩伴沟通好，不拒绝幼儿的分享。可以在聚会时进行这个游戏。

②拉个圈圈一起走。准备音乐《拉个圈圈一起走》。幼儿和所有家庭成员或玩伴拉成一个大圆圈，按逆时针方向走，一边走一边听音乐。音乐停止，做出蹲下、拍手、点头等动作，反复进行。这个游戏可以锻炼幼儿听指令做出反应的能力，体验与同伴游戏或亲子游戏的快乐。注意做动作时的安全，避免碰撞和摔倒。这个游戏的拓展玩法是丰富各种指令，如可以伴随《拍手歌》将听指令与认识身体相结合。

常见问题解答

问题1　宝宝爱扔东西怎么办？

天天是一名18个月大的幼儿，最近特别喜欢扔东西。比如，他会将手里的玩具车、卡片用力扔在地上，有时还会夺过大人的手机用力扔出去。大人帮他捡起来，他会再扔出去，并以此为乐。大人的劝说与阻止不仅没有效果，反而加剧了天天扔东西的情况。

解答　18个月的幼儿身体动作发展迅速，他们能够独立行走，手的动作也有了一定程度的发展，能够玩弄、控制物体。他们通过接触周围的物体提高对物体的认识。当周围的人或物体成为他们动作的对象时，他们会出现夺取别人的物体或扔东西等行为。

天天爱扔东西是大动作发展的表现，他并没有意识到这种行为可能给他人或物体造成的伤害，他只是以不断重复投掷的动作并获得相应的结果为乐趣。天天发现扔东西之后大人会做出反应，这让他感到有趣，进而重复具有破坏性的行为。

幼儿最初扔东西只是为了满足自身的动作发展需要。当发现幼儿的行为带有明显的攻击性时，家长可提供各种替代物。比如，天天喜欢重复投掷的动作，家长可以用球来代替某些物体，通过扔球、拍球游戏满足他的需求，减少摔打物体的现象。另外，要多带幼儿参加丰富且有趣的活动，变化游戏的内容，提高幼儿的游戏兴趣。还需要注意的是，家长在陪伴幼儿时不要看手机，要关注幼儿的需求，提高陪伴的质量。

问题2　宝宝不爱和小朋友玩怎么办?

乐乐15个月了，每次去外面玩遇见同龄的小朋友时，他都选择远远地站着看别人玩，不愿意靠近对方。当别人主动向他打招呼时，他也不愿意理睬，不做回应。

解答　影响幼儿同伴交往的因素有很多。从环境因素来看，幼儿不合群主要是因为待在家里的时间多，接触同龄孩子的机会少。要创造条件让同龄孩子聚在一起，相互交往、相互学习。从父母教养因素来看，幼儿之所以不愿意与同伴交往，是因为父母没有提供同伴交往方面的引导。要对幼儿说:“宝宝，跟小朋友打招呼，一起玩球，好不好?”从幼儿自身因素来看，每个幼儿的气质类型不同，有的幼儿喜欢独处，不愿意主动与同伴交流；有的幼儿自我保护意识强，只有与同伴足够熟悉后才会开展进一步的交往。此外，个体在成熟度上也存在差异，这也是一个原因。

问题3　宝宝会依恋他们的玩具熊或毯子吗?

琪琪20个月了，喜欢抱着她挚爱的玩具熊或那条凌乱的毯子，即使睡觉时也不愿放开。父母若要清洗，还得趁她睡熟后才能偷偷去拿。宝宝会对玩具熊或毯子产生依恋吗？

解答　玩具熊和毯子是能给琪琪带来安全感和舒适感的物体。很多幼儿都拥有一个“安心玩具”，这个玩具能够让幼儿更加容易地面对诸如妈妈离开等压力事件。我们通常称这个玩具为安抚玩具。

但是，他们是真的对这个玩具产生依恋了吗？其实并没有。依恋对象的作用并非减轻幼儿的压力这么简单。依恋对象还需要对幼儿的其他需求做出反应，并支持他们探索世界，需要给予幼儿随叫随到的期待，以及比幼儿自身更加强大、聪明的感觉。这明显超出了柔软的毯子等物体的能力范畴。因此，它们不能替代真正的依恋对象。即使拥有了玩具熊或毯子，幼儿也依然需要养育者的爱护和关心。

第四章　2~3岁幼儿情绪与社会性的发展及培育

通过学习本章，你将可以：

1. 了解2~3岁幼儿情绪与社会性的发展特点。
2. 掌握2~3岁幼儿情绪与社会性的培育要点。
3. 掌握2~3岁幼儿情绪与社会性的培育策略。

一、2~3岁幼儿情绪与社会性的发展特点与趋势

2~3岁幼儿的情绪不稳定，具有易感性和易变性。他们的情绪外露，容易受到环境的影响，高兴与否都会通过表情表现出来。2~3岁幼儿对亲人有强烈的情感依恋。当与亲人分离时，大多数幼儿会经历或长或短的分离焦虑。这表明该年龄段的幼儿对依恋对象的出现和消失非常敏感。随着交往环境的扩大，他们逐渐习惯与成人、同伴交往，但交往中有明显的自我中心倾向。此年龄段的幼儿还会经历“第一反抗期”。

2~3岁幼儿的身体动作能力逐渐增强，他们能够自由地走或跑，大大扩展了活动空间，并且开始有了自我表现的欲望。因此，他们的情绪与社会性都有了进一步的发展。

（一）2~3岁幼儿情绪与社会性的发展特点

1. 开始能表达自己的情绪

2~3岁幼儿语言表达的流畅性和有效性还是不够的，他们不能在第一时间表

达诉求，因此，他们容易冲动。如果有人忤逆了他们的意思，那么他们可能会用抓、推、打等肢体语言或者大哭来表达自己的情绪。

2~3 岁幼儿喜欢说“不”，以此宣告自己的“独立主权”。这种方式让他们感觉自己能够对周围的人和事施加控制，能够进行自我选择。

2. 开始意识到他人的情绪，萌发初步的同情心

当个体可以感受到他人的情绪并认同这些情绪时，同情心便产生了。幼儿最初会通过简单模仿其他幼儿的痛苦来表达对他人的同情。随着年龄的增长，他们在情绪体验上越来越具备同理心，能够对他人的情绪感同身受。比如，2~3 岁的幼儿看到别人打针时，自己也会害怕，有的还会说自己感受到了针扎般的疼痛；有的幼儿看到别人哭泣时，还会主动帮助哭泣的人擦眼泪。

3. 有简单的是非观念

2~3 岁幼儿能分辨一些简单的对与错，并且会因做错事而产生内疚感。比如，他们知道打人是不对的。弄翻桌上的食物，打碎家里的器具，看到、听到照护者因婴幼儿的失败而流露出的表情和发出的叹息、责备，这些都会引发幼儿的内疚感，这种体验会让幼儿避免再次出错。

4. 对成功表现出积极的情绪，对失败表现出消极的情绪，能逐渐调节情绪，发脾气的时间缩短

2~3 岁幼儿会因成功完成任务而拍手大笑，因任务失败而伤心、哭闹。例如，2 岁的豆豆独自沿母子床的床梯爬上爬下。成功时，他兴奋地蹦蹦跳跳，并为自己竖起了大拇指。可是不一会儿就传来了他的哭声。原来，尝试用开口杯喝水的他把水洒了，弄湿了衣服。

2 岁左右的幼儿语言能力的发展会使他们产生新的情绪调节方式。他们开始谈论情绪，可以通过描述自己的内心状态来使他人帮助自己调节情绪。这些关于自己和他人情绪的对话促进了幼儿的情绪理解和情绪自我调节。当幼儿逐渐能思考问题后，情绪调节进入象征水平，他们可以把假装游戏作为表达情绪的途径。

5. 进入托育机构初期会产生分离焦虑

随着幼儿年龄的增长、生活范围的扩大、心理和生理功能的不断发展，幼儿

的依恋对象呈现出由近到远、由个体到群体、由熟悉到陌生、由具体到抽象的特征。

当归属感没有得到满足时，幼儿就会产生分离焦虑。2~3岁幼儿的分离焦虑主要体现在进入托育机构的初期。这个时期，幼儿负面情绪的表达非常强烈，持续时间长短因人而异。

6. 开始主动接触同龄人，喜欢参与同伴的活动，能和同伴分享玩具等，但以自我为中心

身体动作能力逐渐增强、能够自由地走或跑以及活动空间的拓展，使得2~3岁幼儿有了自我表现的欲望。他们越来越喜欢和小伙伴一起玩，与照护者分离的痛苦也减轻了。此时的幼儿主要用身体动作或行为作为交往的手段，表达自己愿意和同伴游戏的想法等。幼儿间也会产生最初的友谊。早期友谊表现为同伴之间的亲近、共享、积极情感交流和共同游戏等，并且幼儿间开始出现偏爱，交往中具有明显的互选性。

拓展阅读

我们可以从社会复杂性的几个水平——个体、交往、关系和群体，来考察同伴交往。(表4-1)

表4-1 关于同伴关系的三种研究水平①

维度	定义	特征	研究重点
交往	两个个体之间持续一段时间的社会交流	双向行为，相互依存	①三种主要行为倾向的产生原因和结果：接近他人、反对他人、远离他人 ②好交际性、助人性、攻击性和退缩性方面的个体差异

① 王争艳、武萌、赵婧：《婴儿心理学》，342页，杭州，浙江教育出版社，2015。

续表

维度	定义	特征	研究重点
关系	两个彼此认识的个体间的一系列交往的意图、期望和情感。参与者在其中体验到的主要情感有友爱、依恋、憎恨等	①经历角色区分、特殊化和工作分配 ②感受客观化、制度化或习俗化的社交形式的支持 ③有一系列共同的成员资格和属性 ④共享文化 ⑤态度特征	①友谊 ②相互反感和敌意。重点是相互反感的频率、他们的相互关系以及发展的意义
群体	在一定程度上相互影响的社交个体的集合	凝聚性、层级性、同质性或同源性、规范性	在组织构成不同的群体中社交隔离的占比情况；同伴群体本质；群体风气；群体内的忠诚和群体间的冲突

7. 知道性别方面的差异，能正确使用性别短语，倾向于玩符合自己性别特征的玩具和参加同性别群体的活动

科尔伯格认为，幼儿在 3 岁左右的时候已经能够认识到自己的性别了，知道自己是男孩还是女孩。但是，此时的性别认知仅局限于能正确说出自己的性别，对性别的含义其实并不清楚。下面的对话就可以反映一个 3 岁幼儿对性别的认知状态。

问：你是男孩还是女孩？

答：男孩。

问：你是怎么知道的？

答：是妈妈告诉我的。

问：那天天是男孩还是女孩？

答：男孩。

问：你是怎么知道的？

答：因为他穿短裤，不穿裙子，短头发。

问：你喜欢做男孩还是做女孩？

答：不知道，现在是男孩，等长大了我就变成女孩了。

从这段对话可以看出，3 岁幼儿能够正确指出自己和同伴的性别，对性别的认知大多来源于照护者的告知；3 岁以前的幼儿大都根据外部特征，如衣着、相貌等判断性别；3 岁幼儿还没有认识到性别的恒常性，认为性别是不稳定的、可以改变的。①

与性别认知相关的是，幼儿在较早时期就表现出了与自己性别相符的性别角色偏爱。所谓性别角色偏爱，是指幼儿会对适合自己性别的玩具和活动表现出特别的喜好。例如，女孩偏爱洋娃娃（图 4–1），喜欢扮演护士的角色；男孩喜欢汽车玩具（图 4–2），乐于扮演消防员的角色。

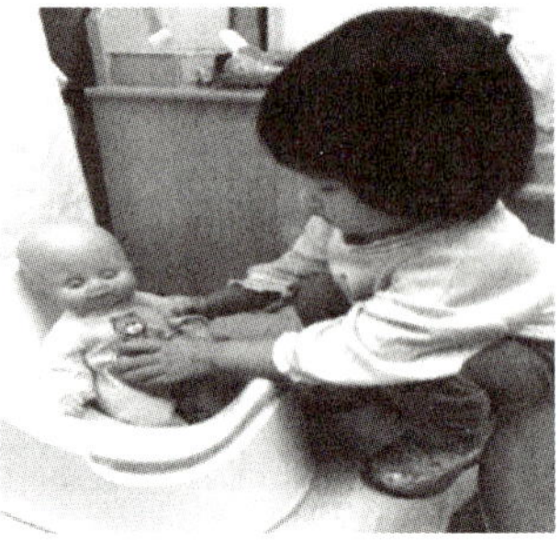

图 4–1 女孩的娃娃情结②

图 4–2 男孩在玩汽车③

8. 形成了初步的社会规则意识

从幼儿 2 岁左右开始，即能听懂语言并能理解其意义的时候，照护者就可以提出一系列规则要求幼儿遵守，并逐渐训练他们在不被监督的情况下自觉遵守规

① 钱文、俞晖：《婴幼儿社会性发展与教育》，36 页，上海，上海科技教育出版社，2019。

②③ 图 4–1、图 4–2 由赵颖颖提供。

则的能力。自此，幼儿对规则的内化就开始了。他们首先遵守照护者提出的规则，然后逐渐将这些外部的规则转化为自己内部的行为准则，即使在没有监督的情况下，也能够按照这些行为准则行事。而后，随着年龄的增长，他们在社会化的过程中又逐步接受社会的行为与道德规范，逐渐形成一套内部规则并指导自己的行为。这就是规则的内化过程。

9. 愿意帮助他人，有一定的自我服务能力

2～3 岁幼儿愿意帮助照护者做事情，如叠衣服、扫地等。幼儿可通过上述活动获得照护者的认可，并锻炼自己的活动技能。他们也能够在照护者的引导下进行自我服务，如整理玩具、独立进餐、自己上床睡觉等。图 4–3 至图 4–5[①]中，幼儿在帮助照护者做事情。

图 4–3　擦柜子

图 4–4　做面食

图 4–5　剥鸡蛋

（二）2～3 岁幼儿情绪与社会性的发展趋势

1. 幼儿的情绪表达能力不断增强

2 岁幼儿便开始使用一些词语来表达情感，但并不会使用语言来调节自己的情绪。一直到接近 3 岁时，幼儿才会经常谈论自己的情绪，并尝试积极、主动控制

① 图 4–3 至图 4–5 由赵颖颖提供。

自己的情绪，开始利用语言来辅助情绪的自我调节。

2. 幼儿的情绪理解能力逐渐发展

（1）移情能力发展

2~3 岁幼儿的移情开始从“自身体验”出发，向“与他人的情感产生共鸣”过渡。这时的幼儿看到别的孩子受到责罚时会感到很难过，有些甚至还会以模仿他人的方式向难过的人表示安慰。但由于“自我中心”的发展特点，他们的移情大多还保留在模仿阶段。此时的幼儿能够通过感知他人的面部表情来分辨积极情绪与消极情绪，即他们能够读出他人通过表情表达的情绪。

（2）同情心发展

大约从 2 岁开始，幼儿在“共情”的基础上进一步发展。比如，妮妮看到豆豆哭了，她能够理解豆豆哭泣是一种不开心的表现，并且试图让他开心起来，这表明妮妮已经能够理解豆豆的情绪体验了。这种情绪理解能力随着幼儿年龄的增长不断发展，慢慢地从只是体验他人的情绪，发展到试图弄清情绪产生的原因。

3. 幼儿逐渐形成自己的情绪调节策略

情绪调节策略是指把情绪调节到恰当的水平，以更好地达到目标的策略。照护者通常是幼儿的依恋对象，幼儿通过与依恋对象的互动，形成自己的情绪调节策略。莫里斯等人认为，从婴儿期到儿童后期，情绪调节策略的发展存在三个基本趋势：一是从依靠外部调节逐渐发展为依靠内部调节，二是内部调节策略逐步发展，三是根据不同环境选择适当策略的应对能力逐步提高。[①]

4. 幼儿的依恋对象不断变化

随着生活半径的逐渐延长，能让幼儿获得归属感的场所从核心家庭扩展到社区、托育机构等。在这个过程中，幼儿不仅能够体会到自己是家庭中的一员，感受到父母的爱，产生对父母的依恋，亲近与信赖长辈，而且能够认识隔壁的小姐姐或小弟弟，认识自己生活的社区。有的幼儿进入托育机构以后，还会对班级中的教师产生替代性依恋，对班级产生朦胧的归属感。这是幼儿依恋对象不断变化

---

① 钱文、俞晖：《婴幼儿社会性发展与教育》，99 页，上海，上海科技教育出版社，2019。

的体现。

当幼儿的归属需要没有得到满足时，负面情绪的表达会非常强烈。幼儿的分离焦虑就是此类情况的反映。在正常情况下，2～3 岁的幼儿进入托育机构，因离开家庭和主要养育者，到一个陌生的环境中生活，很容易产生焦虑、不安或不愉快的情绪反应。这也是出现分离焦虑的最典型的情境。鲍尔比通过观察把幼儿的分离焦虑分为三个阶段。第一个阶段是反抗阶段，表现为号啕大哭，又踢又闹；第二个阶段是失望阶段，表现为虽然仍然哭泣，但哭泣是断断续续的，动作和吵闹减少，不理睬他人，表情迟钝；第三个阶段是超脱阶段，表现为接受外人的照料，开始正常活动，如吃东西、玩玩具，但是看见母亲时又会出现悲伤的表情。①

5. 幼儿的社会交往需求日益提高

2～3 岁幼儿的社会交往需求日益提高。2～3 岁幼儿主要与其照护者交往，但也开始有了同伴交往。随着幼儿认知能力的提高、活动能力的增强和活动范围的扩大，同伴交往在其生活中也日趋重要。有研究表明，关于如何与他人相处的许多知识并不是由父母向幼儿传递的，而是幼儿通过与同伴交往习得的。可见，幼儿与同伴交往有着与照护者交往无法替代的特殊作用和重要性。

大部分 2～3 岁的幼儿开始经常说“不”，同时，他们还会说“宝宝自己来”。我们通常将幼儿反复说“不”的阶段称为“第一反抗期”。在这一时期，幼儿有了最初的自我意识，并产生了“独立性需求”，其行为和情绪都变得更加复杂了。

拓展阅读

第一反抗期与自我系统的发展②

3 岁左右的幼儿机体不断发育完善，各种生活能力逐渐增强，会跑，会操作或摆弄一些简单的物体，随着交往范围的扩大，知识经验也不断增加。于是，他们突然感到自己什么都会做，很能干，变得不愿听从别人的安排，常常想到什么就要做什么，不考虑后果，也不知道失败的危险，一

① 钱文、俞晖：《婴幼儿社会性发展与教育》，105 页，上海，上海科技教育出版社，2019。

② 钱文：《0—3 岁儿童社会性发展与教育》，13 页，上海，华东师范大学出版社，2014。

反过去安静、听话和依赖性较强等特点。即使能力不强，他们也要动手自己干，表现出不听话、固执的特点，经常说“我自己来”“我不要”这一类的话。根据幼儿这一阶段的表现，心理学家称这一时期为“第一反抗期”。

反抗的首要原因是幼儿开始萌发自我意识，自我思维变得越来越清晰，希望按照自己的想法行事。但是，他们的思维还没有达到充分完善的程度，所以就只能事事采取反抗的态度了。

处在第一反抗期的幼儿的自我意识是因需要而产生，并在其实践活动（语言、游戏和与他人的关系）中发展起来的。这一年龄段的幼儿知觉和肌肉运动的准确性大大提高，言语能力得到加强。幼儿在与成人及同伴的交往过程中，自尊、骄傲等高级情感随之产生，他们渴望自己尝试并得到成人及同伴的认可。同时，幼儿还通过自己与物的关系来认识自己，使自我意识得到发展。

6. 幼儿的自我意识不断增强

（1）幼儿自我认知的发展

对于幼儿而言，自我认知中的自我识别和性别认知是其发展中的主要内容。

随着自我识别能力的发展，在出生后的第二年，幼儿开始认识到自己的身体是属于自己的，因为自己的身体是有各种感觉的，同时开始学习自己身体各个部位的名称，也知道如何称呼自己，如“宝宝”“妹妹”“弟弟”。2~3 岁的幼儿开始把自己当作主体来认识，他们在表达自己愿望的时候，开始把对自己的称呼挂在最前面，如“宝宝喝水”。3 岁左右的时候，幼儿开始用“我”来称呼自己。这是幼儿自我认知发展过程中的一个重要的里程碑。

幼儿在 3 岁左右的时候已经能够认识到自己的性别了，知道自己是男孩还是女孩。但是，此时的性别认知仅局限于能正确说出自己的性别，对性别的含义其实并不清楚。幼儿从 18 个月开始就对符合自己性别特征的活动与物品表现出偏爱，从 3 岁开始越发明显。

（2）幼儿自主性的发展

幼儿的自我主张、反抗行为或顺从都可以被视为幼儿自主性发展的表现。随着幼儿月龄的增加，当照护者想要帮助幼儿完成某项任务时，幼儿会表现出反抗行为；而当幼儿在没有照护者的帮助下完成了某个任务时，他们会非常开心。2 岁左右，幼儿的自我评价能力也渐渐形成。当照护者要求幼儿将玩具从地上捡起来并将其放到玩具盒里时，如果幼儿说“不，我想继续玩”，那么此时幼儿表现出的行为就可以被看作自我主张的体现。当然，幼儿也有可能会将更多的玩具从玩具盒中拿出来，或者将玩具弄得到处都是，此时幼儿表现出的就是反抗行为。

（3）幼儿自我控制的发展①

从无意控制到有意控制。随着幼儿生理的成熟、心理的发展以及生活经验的不断丰富，2～3 岁幼儿对活动已从之前的进行无意识的控制转变为进行有意识的调控。他们能够注意到自己的活动哪些是有效的、哪些是无效的，然后根据活动的结果主动调节自己的行为。3 岁的幼儿大部分都能够根据活动结果的好坏去调整自己的活动方式。也就是说，此时的幼儿已经初步显示出有意识的自我控制能力。但这个时候的自我控制往往不够熟练和迅速，幼儿经常会犯错误，或者出现一些多余的行为。

从局部控制到整体控制。从局部到整体是自我控制方面表现出的一种基本的发展趋势。但幼儿的自我控制不可能达到整体控制水平，其从局部到整体的发展表现为控制环节的不断增加。比如，1 岁的婴儿要想拿到远处的玩具，他的尝试和努力只针对如何把小手伸得足够长；而 2～3 岁的幼儿关注的环节会更多，有对躯干动作的调控，如前倾，有对肩膀动作的调控，如侧身，也可以移动身体，如果移动身体仍不能解决问题，就会利用一些工具，有些幼儿还会请照护者帮忙把玩具递过来，而不是自己去够玩具。在这样的过程中，幼儿表现出更多的、更趋向整体的控制。

从他控到自控。他控是指活动主要由他人来调节管理；而自控是指活动由实

① 钱文、俞晖：《婴幼儿社会性发展与教育》，38～40 页，上海，上海科技教育出版社，2019。

践者本身来调节管理。幼儿的自我控制就是一个由他控到自控的发展过程。随着幼儿言语控制能力的发展，幼儿逐渐从外部言语控制阶段向内部言语控制阶段迈进。幼儿的外部言语渐渐隐退，内部言语开始发挥自我指导的功能，从而实现了由外部言语调节向内部言语调节的转变。在这个阶段，刺激、信号和行为之间的外在关系彻底内化，幼儿已经能够以言语为工具对认知和行为活动进行计划和指导。因此，幼儿可以在没有外部信号的帮助下，灵活地对自己的行为进行控制，这标志着幼儿自我控制能力的形成。

7. 幼儿的规则意识开始内化

2 岁的幼儿进入第一反抗期。此时的幼儿自我意识增强，有强烈的自我主张，占有欲强，常常通过反抗照护者的要求来显示其独立性，并经常说“不”。这一时期的幼儿在与同伴的交往中发生冲突的次数也不断增加，但幼儿往往能够从这些冲突中学习并确定初步的社会规则，学会使用一些社会规则来解决冲突。与此同时，亲社会行为也相应增多。当然，这个年龄段的幼儿的自我控制水平也进一步提高，能对照护者的要求有所反应，并知道需要遵守规则。2.5~3 岁，幼儿的一些社会品质开始内化，出现动作抑制，逐渐由对照护者的要求做出反应发展到可以利用内外部言语进行自动调节。

8. 幼儿的亲社会行为呈增多趋势

（1）助人行为

幼儿很早就表现出了助人行为。65% 的 1.5 岁幼儿愿意帮助照护者做整理散乱的杂志、叠衣服、扫地、整理床铺等家务，而 100% 的 2.5 岁幼儿能够且愿意帮助照护者做上述家务。通过上述活动，幼儿可以获得照护者的认可，在活动中锻炼自己的技能，并与照护者交往和互动。

（2）合作行为

2 岁的同龄伙伴间能够相互协调地行动以达到目标，而这对 1.5 岁的幼儿来说还比较困难；2 岁以后，幼儿能更有效地进行社会性交往，2~2.5 岁的幼儿更能根据任务采取相应的相互配合的行为。随着年龄的增长、交往经验的增多以及幼儿同伴之间合作的目的性、稳定性的增强，他们能够为实现共同目标而努力。

（3）分享行为

幼儿在 1 岁时就已表现出了指向动作的分享行为。例如，他们会把物体放在他人的手上或腿上，然后继续操作这个物体，这是分享行为的萌芽。幼儿通过分享真实的物品来保持与他人的积极交往。当他们能够以其他方式与他人交往时，分享行为就不突出了。所以，1～2 岁幼儿的分享行为随年龄增长而增多，而 2～3 岁幼儿的分享行为随年龄增长而减少。

（4）同理心与安慰行为

心理学家一致认为，移情是幼儿亲社会行为发展的重要促进因素。在与照护者的交流过程中，幼儿逐渐注意到与他们自身安全有关的照护者的情感反应，并通过观察照护者的反应来调节自己的情绪，如通过观察照护者对陌生人的反应来调节自己的焦虑水平，获得安全感。2 岁左右，当幼儿的自我意识开始萌发后，他们对他人的反应有了不同的认识。例如，当幼儿面对痛苦的人时，他们能够明白痛苦是别人的，不是自己的。正是基于这种认识，幼儿可以将注意力从对自身的关心转移到对别人的安慰上。当幼儿看到另一个孩子哭泣时，他在一定时间内会表现出同情，或者试图去安慰另一个孩子。但是这种移情持续的时间非常有限。随着年龄的增长，移情会进一步刺激其他亲社会行为如分享行为的出现。因此，幼儿对社会环境中情感线索的积极认知是他们产生和维持亲社会行为的基础。

二、2～3 岁幼儿情绪与社会性的培育要点

2～3 岁是幼儿情绪、情感萌发的重要时期，也是进行情感培育的大好时机。情感培育就像是一切活动中的“新鲜血液”。情感培育存在于生活情境、学习情境、教育情境中，既可以使幼儿与照护者、同伴之间产生丰富的情感交流，也可以提高情感表达、情感认识和情感调节能力。

对于 2～3 岁幼儿情绪与社会性的培育，应关注以下几方面。

①为幼儿创设温馨的生活氛围，培养幼儿爱照护者及同伴的情感。

②与幼儿一起游戏，让幼儿体会交往的快乐。

③培养幼儿礼貌待人的品德，知道不影响别人的活动。

④指导幼儿不争抢、不独霸玩具。

⑤指导幼儿根据自己的兴趣选择玩具、游戏。

⑥引导幼儿通过语言和行为表达自己的情绪，帮助幼儿尝试控制和调节自己的情绪。

⑦指导幼儿做力所能及的事情，并为自己的良好行为或活动成果感到高兴，体验成功感。

⑧培养幼儿认真倾听的习惯，引导他们按要求做一些事。

⑨提醒幼儿遵守游戏规则。

⑩引导幼儿爱护玩具和其他物品。

⑪指导幼儿形成初步的自我保护意识。

三、2~3 岁幼儿情绪与社会性的培育策略

（一）积极回应幼儿的信号，与幼儿建立安全型依恋

2~3 岁幼儿比较容易产生分离焦虑。照护者要做到与幼儿建立安全型依恋，帮助幼儿缓解消极情绪。

第一，2~3 岁幼儿通常用语言、眼神、动作表达自己的需要。照护者要敏锐地察觉幼儿的眼神和动作，洞察他们的内心需要，并及时满足。

第二，经常与幼儿进行亲密的肢体接触。照护者与幼儿亲密的肢体接触会让幼儿感受到爱，让幼儿觉得自己所处的环境是安全的。摸摸头、拉拉手、抱一抱，这些细微的动作都能让幼儿感觉到安全和满足。

第三，积极回应幼儿的需求。照护者要及时回答幼儿的问题，满足他们的好奇心。当幼儿有明显进步时，可以给予他们赞美。当幼儿提出了不合理的需求时，可以表示“我听到了”“我看到了”，然后和他们一起讨论这件事到底该不该做。这样既能使幼儿拥有满满的安全感，又不会迎合他们的无理需求。当幼儿感到恐

惧或者希望分享喜悦时，要确保他们得到及时的关注。

第四，与幼儿进行面对面交流时，可走到幼儿身边，蹲下来平视幼儿，并牵着幼儿的手，用轻声的语言与他们沟通。温柔、细致地照顾婴幼儿，和他们一起玩游戏，建立安全型依恋，让幼儿感受到照护者的爱。

第五，提高幼儿的自我服务意识，培养幼儿的自信心。引导幼儿练习自己吃饭、喝水、如厕等，幼儿会变得独立而自信；多带幼儿接触大自然，让幼儿通过视觉、触觉等感知大自然。独立、自信的幼儿对照护者的过度依恋会大大减弱。

（二）引导幼儿学习辨别和理解他人的情绪，合理表达自己的情绪

第一，表达对幼儿的爱。可以通过很多方式表达对幼儿的爱，如亲吻、拥抱、倾听、与幼儿说话、表扬幼儿、同幼儿一起游戏等。在这些活动中，幼儿容易体会到照护者的爱，并且能够从照护者的言行中学习表达爱的方式。

第二，鼓励幼儿进行积极的情绪表达。如果幼儿对别人微笑、向小伙伴问好，那么照护者要及时表扬幼儿。

第三，与幼儿一起谈论情绪。当照护者感到生气、伤心或高兴的时候，应该直接告诉幼儿，并告诉幼儿原因。比如，照护者很高兴，因为得到了一件礼物；照护者很伤心，因为心爱的东西丢了；照护者想出去玩，但是下雨了，所以感到很失望等。不要试图隐藏消极情绪，这是不太容易做到的。这些情绪最终会以错误的方式流露出来，所以最好坦诚地与幼儿谈论情绪。

第四，帮助幼儿控制情绪。如果幼儿的负面情绪引发了无礼的行为，就要帮助幼儿控制情绪。比如，当幼儿想玩同伴的玩具，但是同伴不给他玩时，幼儿往往会以哭闹的方式来发泄情绪，甚至尝试抢夺同伴的玩具。这时，应该接纳幼儿的负面情绪。但如有抢夺玩具等攻击性行为出现，则要给予限制。如果幼儿很生气，那么照护者可通过幼儿感兴趣的其他事物转移其注意力，使其逐渐平静下来。

托育随笔

“开汽车”

自由活动时间，豆豆和安安选择玩“开汽车”游戏。刚玩了一会儿，争吵声就传了过来。原来，豆豆和安安在抢一辆玩具消防车。

豆豆紧紧抓住消防车：“这是我先拿到的。”安安也毫不示弱：“我也想玩，先给我玩。”两人一直僵持着，谁也不肯松手。突然，豆豆推了安安一下，安安坐在地上哭了起来。

照护者走过去，抱起安安。安安赶紧告状：“豆豆推我，他抢玩具。”豆豆赶紧说：“我先拿到的。”

“你喜欢别人抢你的玩具吗？”照护者问安安。

“不要，不喜欢。”安安擦擦眼泪说。

“可是豆豆也不喜欢，对不对？他先拿到了玩具，你是不是不能去抢呢？”

“可是我也想玩。”

“你也想玩。该怎么办呢？”

“可以一起玩，不能抢。”

“那你愿意跟豆豆一起玩吗？”

安安点点头说：“一起玩，不抢。”

照护者对豆豆说：“你愿意跟安安一起玩吗？”

豆豆也点点头。

“但是，你觉得可以推小朋友吗？”

“不能推小朋友，安安对不起。”

安安赶紧说：“没关系。我不能抢玩具，对不起。”

豆豆说：“没关系，我们一起玩吧。”

两个小朋友高兴地玩了起来。

案例中，幼儿因争抢玩具而引发了消极的情绪反应，甚至出现了攻击性行为。这时则需要照护者适时介入，在接纳幼儿情绪的同时，引导幼儿用适宜的方法解决交往中遇到的问题，鼓励他们合理控制情绪。

第五，和幼儿一起玩情绪游戏。比如，识别情绪游戏。让幼儿知道每种情绪的名称，理解情绪产生的原因。准备不同情绪的人脸图片，让幼儿猜猜图片上人的情绪，然后编一个故事，讲讲为什么会产生这种情绪。又如，想象游戏。创设情境，让幼儿感受，“如果一头大狮子闯入房子中，你会有什么感觉？”。再如，讲故事。让幼儿体会故事中主人公的情绪。

案例

笑声与哭声

活动目标

1. 知道笑和哭是表达情绪的方式。

2. 能够大胆地表达自己的情绪。

活动准备

笑声、哭声音频，笑、哭表情图各一幅。

活动过程

1. 请幼儿听声音，进行联想。

（1）这是什么声音？（笑声）他为什么笑得那么开心？大家猜猜看。

（2）观察笑的表情图，说一说人在笑的时候，眼睛和嘴巴是什么样子的。

（3）在什么时候你会高兴地笑？

2. 播放哭的声音，观察哭的表情图。（形式同前）

3. 出示两幅表情图，请幼儿比较一下哭和笑时脸部表情的不同。

教师小结：每个人都会用笑和哭来表达情绪，我们会因高兴、快乐而笑，会因难过、害怕而哭。若小朋友遇到了让自己难过、害怕的事，要记得告诉爸爸、妈妈或老师，请他们来帮忙。

第六，为幼儿营造安全、温馨、放松的环境氛围。

环境是重要的教育资源。应通过环境的创设和利用，有效地促进幼儿的发展。

照护者应创设符合幼儿年龄特点和要求的物质环境，让幼儿产生一种温馨、安全的感觉。环境布置不要过于繁杂，应给幼儿留出更大的活动空间，关注每个幼儿对物品的不同需求，提供方便、柔和、易消毒的生活设施，保障幼儿健康发展。

照护者应创设轻松、愉快的精神环境，营造出一种无压力或少压力的氛围，让幼儿能够在宽松的环境中发展自主性。同时，照护者要提供必要的帮助，让幼儿通过完成一些具有一定难度的任务体验成功感，从而进一步发展对环境的信任感与自主感。了解不同幼儿的需要，把握幼儿易变化的情绪，尊重和满足幼儿渴望爱抚、亲近、搂抱等情感需求。

在幼儿情绪发展的过程中，照护者自身的情绪特质和特点会对幼儿产生巨大的影响，对幼儿的情绪有着极为重要的调控作用。因此，照护者一定要在和幼儿的交往过程中，调控好自己的情绪，言传身教，为幼儿创造最佳的情绪背景。

（三）鼓励和赞赏幼儿，帮助幼儿建立自信心

鼓励幼儿参与搭积木、涂鸦、串珠、唱歌、表演等各种活动，提出合理要求，及时用竖大拇指等动作和“画得真好”等语言表扬、鼓励幼儿，向其他同伴展示幼儿的作品，让幼儿体验成功的乐趣，并鼓励幼儿用“我画得很好”“我做得很棒”等语言表达成功的喜悦。

知识卡

有利于培养幼儿自信心的常用语

1. 你很能干，好样的！
2. 这真是个好主意，你真棒！
3. 你进步得真快，了不起！
4. 继续加油，我相信你会做得更好！
5. 你的小手真灵巧，我很喜欢你的作品！

6. 你的歌声真好听，你就像一只清脆的小百灵鸟！

7. 你可真能干，做出了这么多优美的动作。

8. 你能把自己的想法用笔画出来，真好！

9. 你可以做到，加油！

10. 你真勇敢，是个不怕困难的小勇士！

11. 别着急，你会成功的，我相信你！

12. 真棒！你的想法和其他小朋友不一样！

13. 看到你认真的样子，我很欣慰，你一定能成功！

14. 没关系，我们再来试一试！

15. 请你将自己的发现大声地告诉大家，好吗？

16. 你是第一个勇敢站起来发表意见的孩子，勇气可嘉！

17. 我就知道你能做到！

18. 你真是我的小帮手！我为你鼓掌！

19. 我为你今天所做的感到骄傲！

20. 你的声音很好听。要是胆子再大一点，一定会更棒！

21. 别着急，我们都会等着你。

22. 你的回答太精彩了，为你鼓掌！

23. 你知道的可真多！

24. 瞧！你带了好头，我们都要向你学习呢！

25. 一下子忘了，是吗？没关系的，等你想起来后再告诉我，好吗？

26. 你笑起来真好看，我们喜欢经常笑的你。

托育随笔

在纵向比较中看待幼儿发展

照护者在与幼儿进行日常交流时，应尽量少拿幼儿和同伴进行横向比较，尽量用纵向比较的方式，肯定幼儿的进步，保护幼儿的自尊心。

纵向比较是指从历史的角度进行比较。对于幼儿发展来说，纵向比较是指将不同阶段幼儿自身的发展情况进行比较，也就是将前一段时间的发展情况和现在的发展情况进行比较。而横向比较是指对同类事物或在同一历史时期进行比较，也就是将不同幼儿的发展情况进行相互比较。

朵朵一直是个内向、胆小的孩子。和小伙伴在一起游戏时，看着她比别的孩子沉默，朵朵妈妈非常着急。老师告诉朵朵妈妈，应该对孩子进行纵向比较，并且和朵朵妈妈细细谈论了纵向比较、横向比较的区别和利弊，朵朵妈妈茅塞顿开。后来的日子里，朵朵妈妈采用纵向比较的方法，发现了朵朵较为明显的进步，也找到了朵朵不同于他人的优点。

综上所述，纵向比较可以帮助照护者更加明显地发现幼儿自身的进步与发展，容易给照护者和幼儿带来成就感；横向比较则可能会导致照护者在对个体差异的认知上产生误区，容易将幼儿的优点缩小、缺点放大。

（四）提供自我服务的机会，初步培养幼儿的生活自理能力

要通过各种活动，让幼儿知道自己能行，要自己的事情自己做。

1. 对幼儿进行正面教育，培养幼儿的生活自理意识

比如，通过“我是乖宝宝”“我长大了”等活动，利用提问、讨论、行为练习等方式，让幼儿意识到自己有能力干好一些事情，为自己会干力所能及的事情感到高兴。又如，准备呈现不同行为表现的各种图片等，让幼儿在比较中提高对自

理行为的认识。讲解图片，然后问幼儿哪张图片上的宝宝最棒，鼓励幼儿向图片上的宝宝学习。还可以利用幼儿同伴的例子来激发幼儿上进的意识。

2. 把生活自理能力的培养寓于儿歌中

好奇、好模仿、想说话是 2～3 岁幼儿的特点。因此，可以把一些生活自理技能编成儿歌、歌曲，或设计一些有趣的情境等，让幼儿在娱乐中理解内容、懂得道理，从而掌握动作技能。比如，练习提裤子时，可以一边做动作，一边说儿歌："左拉拉、右拉拉、前拉拉、后拉拉，××的裤子拉好了。"幼儿会非常开心，沉浸在儿歌与动作中。每次如厕后，幼儿也会想起儿歌，边说儿歌边提裤子。

3. 把生活自理能力的培养寓于游戏中

游戏是幼儿的基本活动，把生活自理能力的培养寓于游戏之中，会取得很好的效果。比如，在娃娃家给娃娃洗脸、洗手、穿衣、穿鞋能够让幼儿获得生活体验与能力锻炼。在游戏过程中，幼儿会比较容易克服困难、获得技能。游戏后，幼儿也可以学会自己整理玩具。

4. 在日常生活中掌握生活自理技能

在生活活动中引导幼儿锻炼自己洗手、洗脸等技能，鼓励幼儿做力所能及的事，提高幼儿的生活自理能力。

5. 提高家庭教育意识

幼儿基本的生活自理能力的培养是可以在家庭环境中随时随地进行的。因此，托育机构与家庭的相互配合非常重要。为提高家庭教育意识，托育机构可通过各种形式向家长宣传家庭教育的重要性。

比如，可以定期开展相关内容的家长讲座，如"帮助幼儿学会自理"等；每月出一份相关内容的家园小报，如"怎样为幼儿提供自理机会""如何使幼儿产生自理愿望"等；邀请家长观摩托育机构的半日活动，分享教师先进的教育观念、教育技能和教育经验；举办家教经验交流会，引导家庭之间自由结伴，形成家庭友好小组，引导家长拒绝一味包办代替，鼓励幼儿和照护者、同伴一起劳动。最终，在轻松、愉快的氛围中，让幼儿体验自理带来的快乐。

视频资源

豆豆的自我服务

两岁的豆豆经常尝试独立完成某件事情，拒绝照护者的帮助。成人做事情时，他也会走过去热情地“帮忙”，一边做事情一边把成人推到一边，嘴里一直念叨：“豆豆来！”豆豆妈妈并没有因他经常“帮倒忙”而批评他，而是满足豆豆的需求，并耐心地指导他，传授正确的方法。每当豆豆收整好自己的玩具、独立进餐、帮妈妈扫地之后，妈妈都会给他大大的拥抱和甜甜的吻，豆豆也因感受到妈妈的鼓励而露出开心的笑脸。

在这样的反复强化下，豆豆习得了一些自我服务的技能，变得越来越能干啦！

扫描文旁二维码观看视频，看看豆豆掌握了哪些本领。

（五）创造与同伴交往的机会，培养幼儿的交往能力

同伴交往对促进幼儿的社会性发展有举足轻重的作用。怎样发展2~3岁幼儿的同伴交往能力呢？

1. 通过组织专门的主题活动，让幼儿感受交往的乐趣

开展“抱一抱”主题活动，通过互相抱抱的游戏，使幼儿感受到同伴的友好，愿意与同伴亲近。初步学习用语言表达喜欢和同伴在一起的感受。当同伴之间产生分享行为时，照护者要及时给予鼓励和支持，强化这种正面的行为，使幼儿获得交往技能。主题活动的开展还能够引导幼儿学习说礼貌用语、分享好吃的食物、分享玩具等，这些行为都会促进幼儿交往能力的提高。

2. 在集体游戏中，鼓励幼儿解决交往中遇到的问题，掌握一些交往的方法和原则

2~3岁幼儿大多不会主动交往，在活动中更关注自己。因此，照护者可以通

过集体游戏，帮助幼儿找朋友。例如，在“开汽车”的游戏中，用呼啦圈将两个幼儿圈在一起，一个人扮演司机，另一个人扮演乘客。为了使“汽车”开起来，两个幼儿要相互谦让、相互配合。在这一过程中，照护者要密切关注幼儿间是否产生了交往冲突。若产生，帮助幼儿分析原因。这样的游戏既能够加深幼儿对同伴的印象（同伴的声音、同伴的外形），也能够让易被同伴忽视的幼儿和被拒绝的幼儿获得关注和了解。

幼儿在交往中要敢讲话，克服胆小、任性、霸道的个性，与同伴友好交往。在这个过程中，照护者不要包办代替，要鼓励幼儿大胆尝试。比如，“我们一起玩吧”“我喜欢你”“你先玩，我后玩”等，都是游戏中促进幼儿与同伴交往的语言。照护者可通过轮流、交换、妥协、分享、谦让、助人等策略，帮助幼儿形成友好交往的态度，掌握一些交往的方法和原则。

3. 在一日生活的各个环节中培养幼儿的交往能力

早晨来到托育机构时，鼓励幼儿热情地向照护者、同伴问好；餐后散步时，让幼儿自选同伴，并与之手拉手；让幼儿自由选择座位，与喜欢的同伴坐在一起，在这一过程中，幼儿会获得与同伴协商、解决问题的能力。这些都会让幼儿体验到交往的乐趣。

4. 家庭与托育机构相互配合，培养幼儿的交往能力

不同家长在教养幼儿的具体方式上存在着诸多差异，不同的教养方式会对幼儿的心理发展产生不同的影响。托育机构可通过召开家长会、举办讲座、交流幼儿成长档案、设置家长开放日等，了解家长与幼儿间的交往情况，提醒家长多让幼儿与同龄伙伴交往，从中学会礼貌待人、互相谦让，并协调幼儿发展与家长教养之间的关系。家庭与托育机构只有要求一致、共同培养，才能取得更好的效果。

5. 不要强迫幼儿与人交往

面对这一时期的幼儿，照护者一定要有足够的耐心，要学会等待幼儿成长。鼓励幼儿与人交往，但也不能矫枉过正。比如，可以让幼儿自己决定是否跟某个小朋友打招呼或者一起玩，不要强迫他。强迫只会让幼儿感到压抑和不快，往往会适得其反。

（六）抓住契机，培养幼儿的亲社会行为

亲社会行为作为一种积极的社会行为，主要包括合作行为、分享行为、助人行为、安慰行为等。托育机构、家庭、社会三方面应密切配合，共同促进幼儿的身心健康发展。

1. 增强照护者与幼儿之间的互动

照护者与幼儿之间亲密的情感联系对促进幼儿的社会性发展有着不可替代的作用，可帮助幼儿形成良好的依恋关系，使幼儿体验到安全感。只有幼儿的安全需要得到满足之后，幼儿才会去寻求满足更高层次的归属和爱的需要，从而产生亲社会行为。因此，照护者应多与幼儿亲近和沟通，了解幼儿的生理和心理需求，并及时给予满足。

2. 重视幼儿独立性的发展

照护者对幼儿无微不至的照顾可能会使幼儿受到过度的保护，从而丧失独立性。在关爱幼儿的同时，应该学会放手，鼓励幼儿主动与人交往，体验助人等亲社会行为带来的快乐。比如，照护者通常会教育幼儿应该主动帮助他人，学会分享，但幼儿却不知道为什么要这样做。只有真正体验了助人和分享带来的快乐之后，幼儿的助人行为和分享行为才会得到强化。

3. 促进良好同伴关系的形成

托育机构是幼儿获得与同伴相处的机会最多的地方，因此，托育机构的教育对幼儿同伴关系的影响不容忽视。照护者可以通过讲故事向幼儿传递正确的观念；可以通过开展游戏活动，培养幼儿的规则意识，逐渐提高幼儿参与活动的积极性，促进同伴间亲社会行为的产生；还可以利用日常活动中的每一个环节，对幼儿进行随机教育，如当同伴哭泣时，引导幼儿试着给予安慰等。

4. 发挥榜样作用，激发幼儿亲社会行为的产生

照护者是幼儿学习的榜样，其一言一行都会成为幼儿模仿的对象。如果照护者在日常学习和生活中表现出较多的亲社会行为，那么幼儿也会在潜移默化中受到影响。当幼儿表现出亲社会行为时，照护者应给予幼儿肯定与表扬。通过照护

者对其行为的强化，幼儿会在今后的日常生活中表现出更多的亲社会行为。同时，被表扬的幼儿会成为同伴的榜样，其他幼儿通过对榜样行为的模仿与学习，也会表现出更多的亲社会行为。

5. 开展特色活动，增加幼儿对亲社会行为的体验

托育机构的课程是促进幼儿亲社会行为形成的重要途径。可以设置专门的培养亲社会行为的特色课程，通过角色扮演、移情训练等方法来培养幼儿的亲社会行为。例如，定期为幼儿播放涉及助人行为、分享行为、安慰行为等亲社会行为的动画片，观看之后让幼儿根据动画片中的行为进行讨论，或者根据动画片中的故事进行角色扮演，通过分享角色扮演的感受来促进亲社会行为的发展。

（七）了解简单的社会规则，培养幼儿良好的规则意识

在体验和同伴在一起的集体生活的乐趣时，应遵守集体规则。在日常生活、游戏中，鼓励幼儿执行简单的规则，培养幼儿良好的规则意识，使其养成遵守规则的良好习惯。

托育随笔

不再有下次

常常会听到幼儿这样说："老师，我下次不这样了！"这是幼儿做错事后，感觉要被批评或已经被批评时常说的一句话。我们班的尧尧就是说这句话说得最多的一个孩子，每当做错事后，他都会说这句话为自己开脱。而我也会轻轻地说一句"老师相信你"，然后就原谅了他。可是，在我一次次的"相信你"之后，尧尧又有了一次次的"下次不这样了"。

这一天，正在门口送幼儿离园的我，发现尧尧又在教室里跑了起来。由于幼儿互相追跑实在是太危险了，因此，我早已与大家约定好，不能在教室里追跑。于是，我立刻走过去拉住了他。还未等我说话，尧尧便开了

口：“老师，我下次不这样了！”他的话又让我想起了昨天的事：相同的时间、相同的地点、相同的场景、相同的话，唯一不同的是，今天是他先开的口。看来昨天我与他的交谈并没有起到多大作用。怎样才能让他遵守规则，下次不再犯错呢？我想不能再轻易原谅他了，应该让他为自己的行为承担后果。于是，我拉着尧尧的手，先让他站在我的身边安静下来。

不一会儿，教室里只剩下尧尧和扬扬了。扬扬走过来对我说：“老师，我想搭积木！”我爽快地回答：“好的。”尧尧看到了，拉了拉我的手说：“老师，我也想搭积木！”我摇摇头，很干脆地说：“不行！”尧尧睁着大大的眼睛看着我，要知道，搭积木可是尧尧最喜欢的活动。我看着他说：“你知道为什么老师不让你玩积木吗？”“因为我刚刚跑了！”尧尧眨着大眼睛说。看来，他心里很清楚。“你觉得可以在教室里和小朋友追跑吗？”“不可以，会摔跤的！”道理都明白！“那你为什么还要跑呢？”“老师，我下次不这样了！”听，又说这一句了。“可是，你这次已经跑了呀？”我看着他的眼睛说。尧尧发现，今天这句话不灵了。我想，应该让他明白这是自己的行为造成的结果。“尧尧，你很想搭积木，是吗？可是，因为你今天没有遵守规则，在教室里乱跑，所以老师不能让你玩。”尧尧点了点头，似乎很理解。这时，尧尧的妈妈来接他了。我把事情经过告诉了她，她表示赞同，尧尧也低下了头。我拉住尧尧的手，问：“尧尧，今天你没有玩到积木，心情怎么样呀？”他眨着眼睛说：“很难过！”“是呀，看到你难过，老师也很难过。如果你遵守规则，你就可以玩最喜欢的积木了！”尧尧使劲儿地点头。

新的一天，又到了离园的时候，小朋友们一个个地走出教室。尧尧静静地坐在座位上，睁着大大的眼睛看着我。我微笑着，轻声请他去选玩具……

尧尧的“下次不这样了”不再有了，我与尧尧之间的恶性循环也停止了。看来，让孩子感受、体验自己行为造成的结果，让孩子为“这次”所做的事情付出一定的代价，会增强他们的规则意识，其效果要比口头说教好很多。至于“下次”的事，不妨下次再说。

照护者的教养习惯和教养方式是影响幼儿规则意识发展的重要因素。幼儿从 2 岁左右开始，就可以听懂语言并理解语言的意义了。照护者应提出一系列的规则，并要求幼儿遵守，帮助他们将规则内化，进而影响自己的行为。

本章小结

本章主要讲述了 2～3 岁幼儿情绪与社会性的发展特点及发展趋势，包括该年龄段幼儿的情绪表达、情绪调节、依恋、分离焦虑、自我意识等方面的发展特点；在此基础上，提出了 2～3 岁幼儿情绪与社会性的培育要点，并对 2～3 岁幼儿情绪与社会性的培育策略进行了详细的阐述。

小任务

任务1　根据 2～3 岁幼儿情绪与社会性的发展特点，提出几条为幼儿营造安全、温馨、放松的环境氛围的有效措施，并以图文并茂的形式记录下来。

任务2　根据 2～3 岁幼儿情绪与社会性的发展特点，结合实际照护经验，记录为幼儿创造与同伴交往的机会、提高幼儿的交往能力的 2 个小案例。

任务3　观察 2～3 岁幼儿的规则游戏，记录幼儿对规则的掌握情况，并结合本章内容进行解释。

任务4　针对 2～3 岁幼儿分离焦虑的表现，你在缓解幼儿分离焦虑的过程中有哪些家园合作的好方法？请概述几种方法，并与他人交流和分享。

常见问题解答

问题1 如何缓解幼儿刚去托育机构时的分离焦虑?

解答 家园合作，让家长参与到幼儿入托适应的过程中来。

阶段一：家长陪伴阶段（为期3天）。

托育机构可安排班内教师引导家长和幼儿共同适应入托生活。在这个阶段，家长每天陪幼儿在托育机构活动半天，然后带着幼儿回家。在托育机构活动期间，家长尽量让幼儿自由活动，不主动与其互动，但对幼儿的需求做出回应，继续充当幼儿的安全港。班内教师则通过邀请幼儿做游戏的方式与其接触，让幼儿慢慢熟悉。在这3天中，不进行分离尝试。教师的任务是仔细观察幼儿及其与家长的互动情况。

阶段二：尝试分离阶段。

家长将幼儿交给教师后告别离开。然后，教师观察幼儿的反应，并据此判断幼儿所需适应期的长短。如果幼儿在家长离开后情绪良好，或者虽然刚开始时哭闹，但是经过教师的安慰可以很快平息，就意味着他只需要一个短适应期（6天左右）。尽管如此，首次分离的时间也不要超过30分钟。如果幼儿在家长离开后心神不定，不停地找家长，并且不接受教师的安慰，那么，家长须立刻回到幼儿身边。这也意味着幼儿需要2~3周的长适应期。

阶段三：情绪稳定阶段。

在这个阶段，教师开始接手家长的照管任务，负责给幼儿换尿布、陪幼儿游戏等。如果第4天的分离尝试成功，那么在第5天和第6天，分离时间可以逐步延长。如果第4天的分离尝试不成功，那么，接下来的两天内就不许再尝试，须等到第7天时再重新尝试分离，然后循序渐进。

阶段四：成功分离阶段。

这一阶段，家长已无须待在托育机构中，但是应随时准备着在幼儿需要时赶过来。若幼儿在家长离开后情绪良好，或者虽然刚开始时哭闹，但是接受教师的安慰，由家长陪伴的入托适应期即宣告结束。从此，教师成为幼儿在托育机构中的依恋对象和安全港。[①]

问题2　幼儿不遵守游戏规则，可能是哪些原因造成的？

解答

①游戏内容对幼儿来说较难。

②游戏时失败次数过多，幼儿丧失了玩游戏的积极性。

③幼儿年龄过小，不理解游戏规则。

④幼儿缺乏生活经验，主要表现在角色游戏中。

问题3　幼儿进入第一反抗期，经常挑战照护者的权威。怎么办？

解答　每个幼儿都是不一样的，照护者可以尝试不同的教育方式。

①尊重。尊重幼儿的想法，给他机会去展示自己。可以让幼儿当照护者的小帮手，有意识地与幼儿商量一些大事小事，并适当地给予幼儿表扬。即使幼儿做得不好也不要批评，而是要好好沟通。以硬制硬是面对处于第一反抗期的幼儿时最失败的教育方法。照护者必须时刻提醒自己要保持冷静。

②放手。对于幼儿愿意做、有能力完成的事情，放手让他自己去做，不包办或干涉，让他觉得自己被信任。这个时候，幼儿的责任感和自信心也会得以建立。

③积极沟通，不发火。照护者首先要控制自己的情绪。只要不是过于严重的行为（如骂人、伤人等），不要严厉地指责幼儿，更不能打幼儿。要知道，询问与命令产生的效果截然不同。比如，“把书拿给我，好吗？”，而不是“把书拿给我！”。还有，告诉幼儿应做什么而不是不应做什么。例如，若想要幼儿小心一点儿，你可以说“轻轻地拿起那个杯子”，不要说“不要把杯子打碎！”。

④把让幼儿做的事变成游戏。没有一个幼儿不喜欢玩游戏！比如，某个幼儿经常在吃饭的时候到处溜达，照护者可以拿着小老鼠的手偶对他说：“小老鼠也想吃你的饭哦，它都流口水啦，快把小老鼠赶走，宝宝来吃饭。”

⑤利用幼儿的模仿欲望，让他自愿接受任务。给幼儿准备一些图画书，或者自己编一些有趣的故事，让他对你想让他做的事情有一种期待。也可以做一些示

---

① 孙进：《德国幼儿园如何过渡分离焦虑期？》，载《基础教育论坛》，2015（12）。

范，让幼儿自己发现乐趣，自己参与活动并最终主导活动。幼儿都爱模仿，把动作做得有趣、生动甚至夸张一点，幼儿会更喜欢哦！

⑥利用幼儿的逆反心理，反着去要求他。反着说出你想让他做的事情，有时候这招很好用，幼儿会很愿意去做。

⑦和幼儿沟通你的想法。两三岁的幼儿已经完全可以理解你表达的言语、明白你的想法，但是你需要说出来他才会知道。你要认真严肃地说，不要让幼儿觉得你是在开玩笑。此外，适时当幼儿的倾听者，听听他心里的想法。照护者应学会从不断的沟通中发现有效的解决方法。

⑧轮流来。很多事情可以和幼儿一起轮流来做。没轮到他的时候，哪怕他很想做，也要让他学会等待。制定一定的规则，他可以在遵守规则的前提下学习自己操作。

⑨该不理他就不理他。如果幼儿实在不听话，沟通无效，你就撤掉对他的关注，尤其是当他为了求关注不断地撒娇耍赖的时候。多试几次他就会知道，这样做是不能达到他想要的效果的，他也就觉得无趣了。只有适当地冷落他，才能让幼儿知道你的立场和态度。

⑩发掘幼儿的兴趣和能力。多从幼儿的兴趣点入手来转移其注意力，这样幼儿会更容易接受。

⑪亲身体验。当幼儿在沟通中一直唱反调时，照护者不妨顺着幼儿的方向走，让他体验自己的做法带来的后果。比如，如果他抢了别的小朋友的东西，那么，在他下次玩的时候，照护者也去抢他的，让幼儿产生同理心。

⑫照护者要坚持自己的原则。对幼儿提的要求要严格遵守，照护者不能随意改变态度，你的态度可以左右幼儿的行为和态度。

问题4 怎样培养幼儿的生活自理能力？

解答 ①根据幼儿的生理发展特点，逐步提出要求，从易到难，从简到繁。比如，吃饭、洗手、刷牙、如厕。

②创设必要的、合理的条件。比如，为幼儿准备自己的小床、小被子；衣服要放置在低矮的橱里，便于幼儿取放；洗脸盆要小而轻便，洗脸巾要短且薄等。

③教会幼儿基本的生活自理方法。比如，告诉幼儿擦脸的顺序是，先用毛巾擦眼睛、脸颊、鼻子、前额，然后擦耳朵、耳背，最后擦颈部等。

④品尝成功，进一步提高幼儿的生活自理能力。成功的愉快感是推动幼儿生活自理能力提高的动力。当幼儿取得点滴进步时，及时给予其表扬。当幼儿限于自身能力，无法达到预期目标时，我们要耐心、细致地引导，告诉他“你行的”“我相信你”等，必要时协助幼儿获得成功，以免挫伤幼儿进取的积极性。

⑤要持之以恒，反复训练。幼儿的生活自理能力是在实践中经不断巩固后获得的。照护者要以身作则，做好表率。幼儿生活自理能力的形成，有助于培养其责任感、自信心以及自己处理问题的能力，对幼儿今后的生活也将产生深远的影响。

第五章　托育机构中婴幼儿情绪与社会性教育

通过学习本章，你将可以：

1. 了解托育机构中婴幼儿情绪与社会性教育的特点与途径。
2. 了解托育机构中婴幼儿情绪与社会性教育的目标、内容与方法。
3. 掌握托育机构中婴幼儿情绪与社会性教育活动的设计与实施。

一、托育机构中婴幼儿情绪与社会性教育概述

随着年龄的增长，很多婴幼儿会逐渐进入日托、半日托等不同类型的托育机构中生活和学习，这些机构在婴幼儿的情绪与社会性发展中起着重要的作用。

《托育机构保育指导大纲（试行）》中提出，托育机构保育应遵循以下基本原则。①尊重儿童。坚持儿童优先，保障儿童权利。尊重婴幼儿成长特点和规律，关注个体差异，促进每个婴幼儿全面发展。②安全健康。最大限度地保护婴幼儿的安全和健康，切实做好托育机构的安全防护、营养膳食、疾病防控等工作。③积极回应。提供支持性环境，敏感观察婴幼儿，理解其生理和心理需求，并及时给予积极适宜的回应。④科学规范。按照国家和地方相关标准和规范，合理安排婴幼儿的生活和活动，满足婴幼儿生长发育的需要。如何在托育机构中进行婴幼儿情绪与社会性教育呢?

（一）托育机构中婴幼儿情绪与社会性教育的特点

婴幼儿情绪与社会性的学习与发展具有随机性、长期性、渗透性等特点，因

此，婴幼儿情绪与社会性教育应在潜移默化中进行，即将相关的教育渗透到生活活动、交往活动、探索活动、游戏活动等中，使婴幼儿以愉快的情绪适应环境、内化规则，促进情绪与社会性的发展。托育机构中，婴幼儿情绪与社会性教育具有以下几方面的特点。

1. 生活性

婴幼儿情绪与社会性教育要帮助婴幼儿更好地适应新的环境，学会与家庭之外的更多的人交往。婴幼儿情绪与社会性教育的内容来源于生活，应用于生活，所以，要借助日常生活来进行。托育机构中的照护者要善于抓住并利用生活中的各个环节与细节，长期一贯地坚持，促进婴幼儿情绪与社会性的发展。托育机构中的照护者应根据不同年龄段婴幼儿的特点实施生活化的教育。

对于年龄较小的婴儿来说，一日生活中的基本活动包括睡眠、就餐（喂乳）、排泄、洗护、游戏等。婴儿只有在安全、有爱的环境中才能够放心、安全地入睡，睡醒后才能有足够的力气吮吸，并活泼地游戏。在喂乳的时候，照护者抱着婴儿时要和婴儿进行眼神交流，要给予婴儿非常慈爱的眼神对视和微笑，把喂乳作为人与人之间心灵交流的机会，让婴儿安心、放心地自主进食。洗护也是照护者和婴儿交流的机会。在这一过程中，照护者要用非常柔和的声音跟婴儿交流。无论在什么样的情况下，都要把婴儿当作独立的个体来对待，和他们进行心灵上的交流。

对于年龄稍大一些的幼儿来说，一日生活会更加丰富。幼儿的动作、认知以及自主性、独立性也在进一步发展。因此，一日生活中的入园、离园、就餐、如厕、喝水以及整理衣物和玩具等活动都是对幼儿进行情绪与社会性教育的重要内容与途径。比如，在就餐环节，可以开展食育，让幼儿通过视觉、触觉、嗅觉、味觉等来感受、认识和享受食物；也可以通过让幼儿观察食物，参与简单的植物的播种、照料、采摘等过程，激发其对食物的兴趣，不断接受新食物；还要培养幼儿规律进食、专注进食和自主进食等良好的进食行为和习惯，结合春节、元宵节、端午节和中秋节等节日，对幼儿进行中华饮食文化启蒙。

2. 渗透性

婴幼儿情绪与社会性教育的一大特点是随机性和无意性，照护者可以通过环境创设，营造生活气氛，潜移默化地影响婴幼儿的社会态度和社会行为。照护者在创设良好环境时应当注意以下几个方面。

首先，营造良好的精神氛围。托育机构中的所有成员需要步调一致地为婴幼儿创设良好的环境，营造温馨和谐、互相关爱、接纳支持的生活氛围。能够积极回应婴幼儿需求的、温暖而又可预测的环境，有助于婴幼儿与他人建立信任的关系。

图 5-1　与婴幼儿互动

在日常的活动中，照护者要在尊重的前提下对婴幼儿的行为提出要求，在肯定的前提下给予指导和修正，在维护婴幼儿的自主性和完整性的前提下渗透教育的要求。

在与婴幼儿进行交流互动时，照护者要靠近他们，确保婴幼儿在照护者的一臂之内（图 5-1 呈现了照护者与婴幼儿互动时的位置关系）；身体尽量与婴幼儿保持一样的高度，与其保持经常但不连续的目光接触，身体微微向婴幼儿倾斜；面带微笑，声音要温和、清晰，节奏要平稳、放松；倾听并及时回应婴幼儿的需求；对婴幼儿的行为要有一定的限制与要求。照护者需注意，反复多次的提醒是必要的，明确、坚定、有节制且坚持到底的决心是有助于婴幼儿建立自我意识的。

能够专注地做自己想做的事会让婴幼儿非常快乐。他们不再注意周遭的他人，认识到了自己的独立存在，感受到了热爱。热爱使婴幼儿对人和事的看法发生了改变。在婴幼儿能够自觉注意、保持专注之前，照护者应尽量不去打扰婴幼儿的自我努力，这样才能使其精神自由发展、能力得以展现。

比如，在图 5-2 中，幼儿握笔的姿势不规范，但照护者并没有生硬地纠正幼儿的动作，而是在观察与示范中不断影响着幼儿。我们可以从左右两张图中看到幼儿姿势的发展变化以及不变的专注。

图 5–2　画画

其次，维持有序的日常生活。作息规律良好的托育机构生活有助于婴幼儿养成良好的生活习惯，也有助于婴幼儿形成稳定的情绪。如果婴幼儿知道什么时间该做什么事，就会对自己的行为及情绪进行适当的控制，以适应有规律的托育机构生活。这对他们适应集体生活及其他社会生活都有帮助。

图 5–3　户外活动

比如，托育机构要保证婴幼儿每天有不少于 2 小时的户外活动时间。尽量每天都安排婴幼儿到户外活动，让他们在户外接触阳光、泥土、草木等自然环境，在大自然中愉快地度过每一天。（图 5-3）在可预知的室内外活动转换中，婴幼儿能够逐渐形成稳定的生活节奏。

3. 活动性

活动和交往是促进婴幼儿情绪与社会性发展的重要方式。在婴幼儿情绪与社会性教育中，照护者应利用和创设各种情境，组织多种多样的活动，让婴幼儿参与其中。

图 5-4 玩水游戏

比如，常见的玩水游戏（图 5-4）、过家家游戏就是婴幼儿很喜欢的活动。他们在探究中体验着乐趣，在与同伴的互动、交流中表达着自己的情感。这些活动能有效促进婴幼儿情绪与社会性的发展。

首先，照护者要尊重婴幼儿的自主性。2 岁左右，幼儿的自我意识开始萌芽，言语和动作发展迅速，对周围世界的认知范围扩大。他们喜欢到处看、到处摸索，甚至不愿让人拉着手走路。他们已经能够表达自己的意愿了。对成人要他们做的事情，他们往往回答“不”；对自己想要做的事情，经常说“我会，我自己来”。照护者要针对他们的这一特点，允许他们尝试做一些力所能及的事情。正所谓“我看见了，就记住了；我做过了，就理解了”。

图 5-5 自主就餐

比如，在图 5-5 中，2 岁多的幼儿最初还不能很好地使用餐具，但是照护者并没有干预或纠正他的就餐方式，而是鼓励幼儿自主、愉快地就餐。经过不断练习，他很快就掌握了餐具的使用方法。

其次，照护者要为婴幼儿创造实践的机会。

一岁半以上的幼儿已经可以自己穿脱鞋子了，并能按照要求把鞋子摆放整齐。照护者也可以在幼儿午睡后整理被褥时，有意识地和幼儿一起整理、收拾被褥。照护者可以向幼儿示范正确、具体的行为方式，在这个过程中允许幼儿以个人的方式与速度来模仿，并允许幼儿犯错。

托育随笔

学习如厕

大多数 2.5~3 岁的幼儿已经具备了独立如厕的能力。在学习如厕的过程中，照护者需要关注不同幼儿的发展情况，并能够识别幼儿有便意时的表现。比如，有的幼儿想要大小便时，会暂停手边活动，发出声音，表情扭曲。在刚开始学习如厕的时候，幼儿可能会大小便失控。教师耐心的态度和行为最能鼓励幼儿学习如厕。在一日生活中，可以给幼儿准备一些关于使用厕所的绘本。当幼儿再大一点时，还应该引导幼儿像大孩子一样穿内裤。当幼儿出现了一些不当的行为或不良的情绪时，千万不要羞辱或惩罚他们，也不要催促或强迫他们。要观察幼儿是否已经准备就绪，对幼儿的成功给予鼓励和表扬，对幼儿的失败表示理解。

4. 一致性

一致性是指照护者要尽力为婴幼儿的社会学习营造连续、统一的托育环境。这既包括照护者自身的影响力量要连续、统一，也包括其他各方面的影响力量要连续、统一。婴幼儿情绪与社会性的发展是一个长期的过程，只有当其模仿学习的对象与生活环境具备相对的稳定性与一致性时，才有利于婴幼儿稳定情绪的形成和良好行为习惯的养成。要做到一致性就要遵循以下几点。

首先，照护者自身要做到言行一致，一以贯之。由于托育机构中的婴幼儿比较年幼，很多情况下他们需要一个逐渐适应的过程，而且不同婴幼儿的家庭教养方式和文化背景也不尽相同；因此，要想让婴幼儿尽快适应集体生活并习得相应的行为规范，照护者需要有足够的耐心、爱心和责任心。照护者应注意管理好自己的情绪，始终一贯地保持对婴幼儿的耐心、爱心和责任心，并提出符合婴幼儿身心发展特点与水平的要求，帮助婴幼儿更好地适应集体生活。

其次，协调统一所有照护者的观念与行为。托育机构中每个班级都有 3~4 个照护者，因此，保持同班级照护者的一致性、长期性、一贯性也十分必要。

比如，通过照护者的介绍，让婴幼儿了解班里的老师分别是王老师、李老师和张老师。每天婴幼儿来园时，让他们跟见到的老师打招呼，“老师早！”，老师也要向婴幼儿问好。在生活中，照护者还可以通过角色扮演，用玩偶的口吻示范说“老师，我要小便，我要喝水”等，帮助婴幼儿学会与老师交流与互动，表达自己的诉求与需要，提高婴幼儿适应新环境的能力。多位照护者一贯、一致的示范与指导有助于建立良好的师幼依恋关系。

最后，托育机构的要求与家长的要求也应保持一致。托育机构中婴幼儿的行为表现如何？如何促进他们情绪与社会性的发展？托育机构中的常规要求有哪些？关于托育机构中相关托育活动的具体要求与策略，照护者要及时与家长进行沟通与交流。只有家园形成合力，才能够更好地促进婴幼儿的发展。

（二）托育机构中婴幼儿情绪与社会性教育的途径

在婴幼儿情绪与社会性教育上，托育机构有着与家庭不同的优势。托育机构中有许多与婴幼儿同龄的伙伴，有经过精心设计的、丰富的、优化的环境，有训练有素的照护者，婴幼儿在与同伴、环境、照护者的相互作用中，有更丰富的情绪体验，会习得更多的社会行为。此外，托育机构还是促进婴幼儿自我意识发展的有效场所。在有许多婴幼儿，并面对几位照护者的情境中，他们常常需要自己应付和处理许多事情。婴幼儿的交往能力、胆量、独立性、主动性、自信心都会在实践中得到锻炼。在托育机构中，促进婴幼儿情绪与社会性发展的教育可以通过以下几种常见途径进行。

1. 一日生活

在托育机构中，婴幼儿情绪与社会性的发展是在一日生活中进行的。因此，为婴幼儿创设安全、整洁、有序的环境，可以让其在潜移默化中体验不同的情境与情绪，积累生活经验，锻炼生活自理技能。一日生活中的各个环节都蕴藏着重要的学习机会和途径。比如，起床后怎样穿衣服，吃饭时怎样拿勺子，饭后怎样漱口；又如，跟同伴玩耍时要注意自身安全，感觉到危险时要学会向教师求助等。具体来说，主要包括以下几个方面。

①来园、离园环节可以进行礼貌教育。

②洗手环节可以进行卫生教育，培养排队意识、节约用水的意识。

③进餐环节可以进行爱惜粮食、文明进餐以及饮食文化方面的教育。

④如厕环节可以进行生活自理能力的培养、文明如厕的教育。

⑤午睡环节可以进行穿脱衣服等生活自理能力的培养。

婴幼儿的日常活动如照顾自己的生活自理活动和照顾环境的家务劳动、种植与饲养活动等，不仅促进了婴幼儿动作、认知的发展，更培养了婴幼儿独立、专注、自尊、自信等良好的个性品质。

案例

花花草草要喝水（1.5~2 岁）

为了帮助幼儿养成良好的饮水习惯，照护者可以引导幼儿了解植物也要喝水，并与幼儿商量如何分组去给不同的植物浇水。在浇水的过程中，照护者要先向幼儿示范如何给植物浇水，然后让幼儿用小容器取水，给植物浇水。在托育机构的生活中，可以根据不同植物的生长状况，定期带领幼儿照护植物。

2. 面向婴幼儿的游戏活动

婴幼儿情绪与社会性的发展除了在一日生活的各环节中进行之外，还可以在照护者精心设计的各种游戏活动和有准备的环境中完成。婴幼儿在此过程中可以丰富自身的情绪体验，逐渐掌握独立生活的技能，获得待人接物的能力。照护者在组织游戏活动时应注意以下几点。

第一，托育机构要为婴幼儿提供丰富的玩具和材料。丰富的玩具和材料有助于婴幼儿开展自主探索与游戏。婴幼儿可以在操作多种材料的过程中体验到活动的乐趣，在进行如爬上爬下、在房间里转圈奔跑、把东西装进去再倒出来、把东西扔出去再让成人捡回来、把玩具排成一排、将大件的玩具拆开等活动中满足自身的需要。照护者也可以通过有意识的活动安排或材料投放让婴幼儿学习等待、轮流、互助等，从这些经验中发展出良好的个性品格。

第二，根据婴幼儿的身心发展特点，精心选取有助于发展情绪、社会性的教育内容。在具体的游戏活动中，照护者要根据不同年龄婴幼儿的身心发展水平，通过精心的设计，引导婴幼儿将已获得的碎片化的生活经验系统化、整体化。下面的游戏活动就是针对 1.5~2 岁的幼儿进行的。通过组织找朋友的活动，帮助婴幼儿学会如何与同伴相处，体会与人交往的快乐。

案例

找朋友（1.5~2 岁）

活动目标

1. 喜欢和小朋友、教师亲一亲或抱一抱，感受和朋友在一起玩的快乐。

2. 愿意向他人表达自己的爱。

活动准备

《找朋友》歌曲，玩具熊一个。

活动过程

1. 请幼儿围绕在教师的身旁，听教师边打节奏边唱歌。吸引幼儿的注意力。

2. 让幼儿理解“朋友”一词的含义，并大胆表现出来。

3. 鼓励幼儿和教师一起唱歌，引导幼儿在唱到“亲一亲，抱一抱”的时候，和好朋友脸贴脸地抱在一起。

4. 边唱边游戏。

教师示范游戏玩法：“找呀找呀找朋友，找到一个好朋友（拍手，并随节奏自然走动）。亲一亲，抱一抱（找到一个好朋友并抱在一起），我们都是好朋友（拉起对方的双手并看着对方，随节奏高兴地上下晃动）！再见（挥手告别）。”鼓励幼儿在每一次的游戏中找不同的朋友拥抱。

5. 和玩具熊做游戏。

播放音乐，随音乐一起做游戏。反复播放音乐，让幼儿体会游戏带来的快乐！

婴幼儿的游戏活动越贴近生活、越鲜活生动，就越具有教育的价值。

第三，观察并积极回应。无论是在婴幼儿的自主游戏中，还是在小组游戏中，照护者基于观察的积极回应和支持均可以促进婴幼儿情绪与社会性的发展。

当照护者观察与了解了婴幼儿正在探索的行为方式后，就可以提供适宜的支持。比如，针对“方位”发展需求，可以提供各种可供分类、排列的材料，也可以让婴幼儿负责收纳整理。只有认识、理解、认可婴幼儿的游戏行为，才能与他们的思维同步，才能真正从婴幼儿的视角出发支持他们，而不是干扰他们。

照护者的积极回应、鼓励可以提高婴幼儿的自尊心与自信心。但这种回应不是以旁观者的身份给予的回应，而是和婴幼儿一起游戏，通过澄清、交流、分享与示范给予的支持与回应。

3. 亲子活动

托育机构中的亲子活动是指家长与婴幼儿在照护者的指导下进行的共同活动。通过亲子活动，家长可以掌握亲子教育的方法与技能，促进婴幼儿的发展。托育机构组织的有关情绪与社会性的亲子活动主要围绕婴幼儿的生活来挖掘教育内容，如“帮爸爸妈妈捶背”“我是妈妈的小帮手”“学会说再见”等。

案例

愉快再见（8～10个月）

活动目标

1. 能够与同伴交往，理解语言“再见”“拜拜”。

2. 能简单模仿成人的动作，学会使用手势语言。

活动准备

仿真娃娃、音乐《宝宝拜拜》。

活动过程

1. 播放音乐，教师扶着仿真娃娃的手，使用摆手的手势表达再见。鼓励婴儿模仿。

2. 提示家长用大声的语言和摆手的手势向其他家长和宝宝表达再见。

3. 家长扶着婴儿的手向教师表达再见。

以家园合作的方式对婴幼儿进行食育是亲子活动中常见的内容。下面推荐给大家一套有关食育的绘本，若有兴趣可以搜索与查询。

特别推荐

婴幼儿食育绘本

日本丰田一彦著绘、季颖译的“美味的朋友”第二辑包括《土豆快来呀》《鸡蛋快来呀》《三明治快来呀》《草莓快来呀》《米饭快来呀》5册绘本。主人公包括土豆、鸡蛋、三明治、草莓、米饭，它们通过有趣的烹调，变成了花样繁多的诱人食品。孩子可以从中知道众多食品的制作过程，了解为生命提供营养的食材，并养成健康的饮食习惯。

二、托育机构中婴幼儿情绪与社会性教育的目标、内容与方法

（一）婴幼儿情绪与社会性教育的目标与内容

《托育机构保育指导大纲（试行）》中把婴幼儿情绪与社会性的发展目标明确为：①有安全感，能够理解和表达情绪。②有初步的自我意识，逐步发展情绪和行为的自我控制。③与成人和同伴积极互动，发展初步的社会交往能力。

关于每个年龄段的婴幼儿情绪与社会性的发展目标与培育内容，可参考本书第二、第三、第四章的相关内容。

（二）婴幼儿情绪与社会性教育的方法

1. 情境体验法

触景生情，情由境生。情境体验法是指通过一些活动情境唤醒婴幼儿的情绪

体验，让婴幼儿去识别、理解和分享他人的情绪体验，使他们在以后的生活中能够对他人的类似情绪进行主动、习惯性的理解和分享的方法。运用该方法时要注意以下几点。

第一，所创设的情境应是婴幼儿熟悉的，应有助于引发婴幼儿的情绪。所创设的情境须是婴幼儿看得懂的、会唤起婴幼儿已有的类似体验的情境。只有这样的情境才能使婴幼儿把已有经验与当前情境关联起来，才能帮助婴幼儿理解。比如，恐惧就是婴幼儿常见的情绪体验。照护者可以通过绘本故事引起婴幼儿的情感共鸣，从而帮助婴幼儿理解、面对和克服恐惧。

在唤醒与引发婴幼儿的情绪的同时，要关注婴幼儿的共情。作为托育机构中的专业人员，照护者要知道如何与婴幼儿共情。

首先，将注意力集中在婴幼儿身上，不要一边做其他事一边倾听婴幼儿，不要分神。让婴幼儿知道你在仔细倾听。保持和他们的眼神交流，用适当的手势和其他肢体语言，如点头，并同时用“嗯”或“是的”等词语来回应。

其次，提出开放性的问题，以表示你想知道更多的信息或想要弄清楚你没听明白的一些事情。比如，当一个小朋友说他被大哥哥欺负了时，你可以问：“他是在什么地方、怎么欺负你的？”

最后，总结一下婴幼儿对你说的话。这会让他们知道你已经理解了他们所说的话，可能也感受到了他们所受的委屈。

知识卡

共　情

共情是人本主义创始人罗杰斯提出的心理学术语，是指一种能设身处地地体验他人处境，从而感受和理解他人情感的能力。共情通常是在人与人的交往中发生的一种积极的感觉能力。共情又分为广义的共情和狭义的共情。广义的共情是指在所有人际场合中产生的设身处地为他人着想的能力；狭义的共情是指在人与人的交流中表现出的设身处地地理解他人的能力。

你会与他人共情吗？共情的技术策略有积极倾听、设身处地、敏锐思考、努力交流、唤醒。

良好的共情是有模式的，即情绪的确认 + 理解 + 不足之处 + 建议 + 询问（尊重）。比如，“从你的话里我感觉你好像很沮丧，你希望能跟你的朋友更好地相处。也许你可以试试，先听听你朋友的理由，再向他表达你的感受。你觉得呢？”。

第二，关注婴幼儿的共情表达，使他们不仅停留在同情与共鸣上，而且能够在共鸣的基础上表现出良好的行为，并养成习惯。

情绪具有感染性，比较容易引起婴幼儿的情感共鸣，但如何在产生积极情绪时采取亲社会行为呢？照护者自身饱满、振奋、愉悦等情绪状态和示范对于婴幼儿的社会学习具有重要意义。比如，在公共场所示范等待、轮流、不大声吵闹等，分享等待时的焦灼与烦躁，告诉婴幼儿如何缓解自己的不良情绪，和婴幼儿一起遵守规则，这些都能够培养婴幼儿良好的规则意识，使他们养成遵守规则的良好习惯。

第三，照护者应与婴幼儿一起真正投入情感，不能做旁观者或审判者。要敏锐地察觉婴幼儿的眼神和动作，洞察他们的内心需要，及时满足他们的社会性需要。在照护婴幼儿时，牵着他们的手，用轻柔的语言、微笑的眼神进行沟通，与他们一起玩游戏，这有助于婴幼儿建立安全型依恋。

2. 角色游戏法

角色游戏是婴幼儿积累社会认知与经验、促进情绪社会化的重要方式。通过扮演某种角色，婴幼儿能够丰富自身的情绪体验，习得一定的亲社会行为。运用该方法时要注意以下几点。

第一，角色应是婴幼儿熟悉的、能够理解的和喜欢的。只有当婴幼儿具有相应的经验储备和情境理解力时，才能更好地开展游戏活动。

比如，在“开火车”游戏中，婴幼儿有“火车车厢是一节节连在一起的”的经验。照护者可以让婴幼儿排成一队，大家一个个地拉着前面婴幼儿的衣服，扮演一节节火车车厢，跟着音乐向前走，可直行、可转弯，体会与同伴在一起的感觉。同时，注意相互配合，不能因速度太快而使“火车车厢”断开。在游戏中，照护者要观察婴幼儿会不会松开手、能不能马上跟上来。

第二，尊重婴幼儿选择角色、变换角色的愿望。在婴幼儿游戏时，照护者只需指导活动，不应分配角色。最好能够为婴幼儿提供自由游戏的机会，让他们自由模仿、表演。这样能使婴幼儿更好地发挥自主性，展示自我。照护者在这个过程中的重要作用是及时观察与回应，更好地理解婴幼儿的内心世界。

比如，2~3 岁的幼儿处于平行游戏阶段。幼儿在娃娃家可能都想要扮演妈妈、爸爸，都想要喂娃娃吃饭。教师要做的就是投放更多的同类材料，允许幼儿自由选择角色与游戏活动。婴幼儿就是在相互模仿中不断丰富与再现自己的生活经验，促进情感、社会性的发展的。

第三，在游戏中，注意引导婴幼儿扮演正面的角色。由于婴幼儿好模仿，但没有是非对错的观念，因此，他们扮演的角色要以正面角色为主。模仿的行为也要积极、正面。当婴幼儿模仿的行为不当或不文明时，照护者要积极引导，给予纠正。比如，有的婴幼儿在玩游戏时模仿残疾人一瘸一拐地走路。此时，照护者应注意引导婴幼儿尊重残疾人。

案例

游戏活动：红绿灯（1.5~2 岁）

准备红色、绿色、黄色三种颜色的圆形手牌。教师带领幼儿随意走来走去。幼儿跟着教师走路，遇到红色手牌就停下来休息，遇到绿色手牌就继续走路，遇到黄色手牌就站在原地停一下。此活动可以让幼儿了解红绿灯的作用。

在此基础上，还可以增加难度。比如，在地面上画出斑马线，让幼儿在斑马线上行走，了解基本的交通规则。

3. 活动练习法

丰富、有意义的实践活动可以使婴幼儿接触到更丰富的社会环境，从中学习各种社会规则及良好的社会行为，提高社会认知，促进婴幼儿情绪的社会化。活动练习法是指照护者创造一定的条件，让婴幼儿亲自参与某项活动，感知、体验社会情境或学习社会实践技能。活动练习法有助于婴幼儿学习和感知更多社会实践技能，丰富社会情感，更好地适应社会。

比如，在托育机构中，可以让年龄稍大一些的幼儿根据自己的能力参与玩具或材料的收拾整理活动，满足他们参与成人活动的愿望。这样的活动可以让幼儿产生成就感，锻炼他们的劳动技能，培养他们对为他人服务的正确态度。

节日特别是传统节日，也是向婴幼儿进行民族文化教育、培养社会情感的重要时机。比如，在中秋节，可以邀请家长和幼儿一起做月饼、吃月饼等。

运用活动练习法时要注意以下几点。

第一，活动内容和要求应符合婴幼儿的发展水平和接受能力。难度过高的内容会让婴幼儿产生挫败感，从而很容易放弃。当小伙伴生病时，照护者可以让婴幼儿用打电话等方式表达关心；平常也可以创造机会，让婴幼儿与同伴分享玩具、食物，培养其关爱、分享等亲社会行为。由于婴幼儿的社会学习具有反复性的特点，所以相关活动要反复进行。要尽量形成有规律的活动节奏与规范的活动形式，以使其行为方式得以巩固。

比如，通过“送垃圾回家”游戏活动，让婴幼儿知道擦过鼻子、嘴巴的纸，吃剩下的果皮、果核要扔进垃圾桶里，不能随便丢掉。照护者可以和婴幼儿一起在日常生活中进行，以不断强化婴幼儿的行为。

第二，要引导婴幼儿主动参与活动。要重视活动过程中婴幼儿参与的态度与积极性，至于结果如何，不予过多要求。婴幼儿对自己有点会但还不熟练的事情很感兴趣，喜欢反复做，如反复摆弄某一类玩具、重复进行一种游戏等。成人不要打扰婴幼儿的这种专注。

穿鞋是 2 岁左右幼儿在生活中经常遇到并反复练习的事情。某机构中的照护者便组织了“我帮小螃蟹穿小鞋”的活动，通过与生活相类似的情境，激发幼儿的参与意愿。想象小夹子就是小螃蟹的鞋子，让幼儿用小夹子夹在玩具小螃蟹的腿上，感知小螃蟹的腿在哪里、小夹子夹在哪里，由此引申到实际生活中我们的小鞋穿在哪里。

第三，活动过程中要教给婴幼儿做事的方法。照护者首先要示范正确的做事方法，以供婴幼儿学习与模仿。给婴幼儿做示范时，可以把一个任务分解成数个活动步骤，以帮助婴幼儿准确理解成人的要求。活动中要回答婴幼儿所有的疑问，直到他们能够独立完成。照护者的耐心是至关重要的，即使婴幼儿忘记了某个步骤，也不要批评他们，应该反复提醒，直到他们记住为止。

案例

小鞋子睡午觉

午睡前，照护者创设愉快的氛围，利用儿歌鼓励幼儿自己脱鞋。请幼儿将脱下来的鞋按床下的标记摆好，照护者巡视，及时帮助与表扬幼儿。午睡后，鼓励幼儿练习穿鞋，照护者给予帮助和指导。在引导幼儿脱鞋、摆鞋、练习穿鞋的过程中，照护者对每一步予以示范，并用拟人的方式指导幼儿，如告诉幼儿“小鞋子也要午睡”。

第四，恰当地运用评价。在活动中，应对婴幼儿的社会性行为进行正向引导与评价。评价要具体，避免空泛。告诉婴幼儿该做什么、不该做什么，说明他们的行为给别人带来的后果。对良好的行为，给予婴幼儿表扬；对攻击性行为，用正确的方式适当惩罚婴幼儿。

评价方式要多样化，要根据不同的场合，为不同个性的婴幼儿选用不同的评价方式。多用口头表扬，少用或不用物质奖励。长期使用物质奖励的结果是婴幼儿会把行为的目的指向获得物质奖励，而不是发自内心地做出成人和社会期待的行为。

知识卡

表扬与鼓励的差异

表扬针对成功而言。表扬将行为与行为者同等对待，表达的是这样的含义：“你作为一个人的价值取决于你的行为。”

鼓励既可以给予成功的人，也可以给予有进步的人，甚至可以给予失败的人。鼓励把行为与行为者区别开来。孩子之所以有价值、有意义，仅仅是因为他是人，与成功或达到要求与否无关。

表扬会使消极的孩子越努力越受到打击，他们会觉得自己不够优秀，于是放弃努力。鼓励能激发孩子真正的自尊心，提高他们的自信心。（表5-1）

表 5-1　表扬与鼓励的对比

表扬	鼓励
我因你取得的成绩而为你骄傲	在这么短的时间内，你在学校里学到了许多东西，取得了这么好的成绩，我希望你能为自己感到骄傲
在这一整天里，你都是一个很听话的孩子	你一直很善于合作，我很感谢你
你打扫了自己的房间，妈妈真高兴	我敢断定如果你的房间整洁有序，那么你一定感觉不错

4. 言语指导法

言语在婴幼儿的心理活动中有重要的调节作用。运用言语指导法时应注意以下几点。

第一，言语指导与行为示范同步。

对于1岁之前的婴儿，在开始一个活动之前，应给予婴儿语言与动作方面的信息，保持语言和动作的一致性，告诉他们将要发生什么。比如，在把婴儿抱起来之前，可以向他张开你的双臂，并说“我要把你抱起来喽”，然后停下来，以便婴儿能够预知将要发生的事。又如，把奶瓶给婴儿看，并说“你饿了吗？我拿着你的奶瓶，你想要它吗？”，然后停下来给婴儿一些时间来回应你。如果他回应想要的话，就立即喂他，不要等到几分钟之后。在正建立信任感的阶段，当婴儿知道他们的世界是可预知的时候，他们会愿意为将要发生的事等待更长时间。

对于 1 岁之后的幼儿，在学习活动规则时，照护者更应该一边用行为示范，一边用言语指导。图 5-6 呈现的是托班幼儿第一次参加户外活动时的场景。照护者为了让幼儿知道如何排好队并走直线，结合地上的线条进行行为示范和言语指导。幼儿在模仿与练习中很快就掌握了排队走直线的活动规则。

图 5-6　排队走直线

第二，言语要生动、具体，并辅以各种材料。

由于婴幼儿的思维处于动作思维阶段，为了使言语指导达到更好的效果，照护者的言语要生动、形象，以调动婴幼儿的兴趣。儿歌语言朗朗上口，节奏性强，好记、易学、易会，特别受婴幼儿的喜爱。有大量的儿歌作品可以帮助婴幼儿认识自然界，认识社会生活，学习文明礼貌等。因此，照护者应抓住儿歌、歌谣的特点，根据此阶段婴幼儿语言发展的特点，收集、创编一些短小、押韵的儿歌，将教育意图蕴于其中，既引发婴幼儿学说儿歌的兴趣，又施以相应的教育。

托育随笔

学洗手

2~3 岁幼儿在洗手活动中存在的问题主要有：不主动洗手；不知道洗手背；洗手时玩水、磨蹭；冲洗不仔细，手上留有肥皂泡泡；洗手时间太短，冲几下即可。基于以上分析和认识，我们从激发幼儿的盥洗兴趣入手，采取“先分解再整合”的策略，把完整的洗手活动分解成若干活动，一点一点地击破，通过许多有趣的儿歌帮助幼儿学习正确的洗手方法，如

《挽袖子》《开关水龙头》《打肥皂》《冲泡泡》《擦小手》等。到了托班后期，在此基础上，再用一个活动把上述活动进行巧妙连接，并通过一首洗手儿歌《我爱洗手》，帮助幼儿掌握完整的洗手过程。

以上儿歌内容简单、生动，很容易激发幼儿的兴趣，幼儿也易于理解。同时，他们的快乐参与与真实体验，使得洗手活动变得趣味盎然。

照护者也可以利用肢体动作和面部表情，并尽可能以图片、玩具、生活用品等为辅助，帮助婴幼儿理解言语的内容。比如，在“表情变变变”活动中，可以用不同的情绪脸谱来帮助幼儿进行情绪的识别与理解，让幼儿用语言表达自己的情绪感受和体验。

婴幼儿社会学习的过程是其社会性不断发展并奠定健全人格基础的过程。婴幼儿在与成人和同伴的交往过程中，不仅在学习如何与人友好相处，也在学习如何看待自己、对待他人，不断发展着适应社会生活的能力。婴幼儿社会性的发展不是与语言、认知、动作的发展截然分开的，它始终贯穿在所有领域发展的过程中，这是实践工作者必须注意的。

三、托育机构中婴幼儿情绪与社会性教育活动的设计与实施

（一）一日生活

婴幼儿在托育机构中的生活与活动是在精心设计的、有准备的环境中进行的。婴幼儿在这样的生活环境中能够产生适宜的情绪体验，识别与理解自己和他人的情绪，学习以社会文化接纳的方式表达情绪，提高独立生活的能力，提高待人接物的能力。

图片资源

托育机构中能干的宝宝们[①]

宝宝们在托育机构中能做哪些事情呢？扫描二维码，你就能知道他们的本领了！

1. 一日生活的安排

为婴幼儿设计的一日生活应是科学和富有弹性的。一日生活中的每个环节都蕴藏着重要的学习机会和途径。一张轻松而有一贯性的时间表会让照护者与婴幼儿享受彼此的陪伴，促进婴幼儿社会性的发展和集体感的形成。

首先，一日生活各环节的安排要固定，要有充足的生活活动时间，如果过于匆忙，就会给照护者和婴幼儿带来压力与焦虑。休息、清洁、用餐等环节的安排要遵循婴幼儿的身心发展规律，保证婴幼儿身心健康成长。

其次，婴幼儿年龄越小，越需要个体活动。照护者需要为其制定个性化的作息时间表。每个婴幼儿都有不同的饮食和睡眠的时间。即使大一点的幼儿，也存在个体需要上的差异。可以为某个需要补充进食的婴幼儿准备安全卫生、软硬适度的小点心，或者为个别疲劳的婴幼儿提供可以临时小憩的安静空间。午睡时间，若个别婴幼儿不睡，照护者也要为其安排其他安静的活动。

另外，每个环节之间的过渡也要精心考虑与设计。从一个环节转换到另一个环节需要一定的时间，需要照护者精心去设计。应注意尽量缩短婴幼儿的等待时间。如果确实需要等待，那么可安排一些如手指游戏、听故事、听音乐等所需时间短的活动，同时采取一些措施让下一个环节变得可预测。比如，播放特定的音乐，当婴幼儿听到熟悉的音乐时，就知道下一个活动要开始了。可以预测下一个环节会提高婴幼儿的自信心，使婴幼儿逐渐学习调节自己的行为与情绪，发展自控能力。总之，要尽量让各环节的衔接流畅而自然。

---

① 部分图片由刘晟蓝提供。

从下面两个年龄班的一日活动中（表 5-2、表 5-3），我们可以看到托育机构中生活与教育活动的计划性和科学性。

表 5-2 10~14 个月婴幼儿的一日生活安排表

时　间	活动内容
7:30—9:00	迎接宝宝，问早安 量体温、检查宝宝身体 依个别需要斟酌喂食牛奶
9:00—9:30	音乐欣赏或绘本欣赏 辅食时间
9:30—12:00	饮食后让宝宝玩 1 小时即可进入睡眠，睡眠时间视宝宝个体情况而定 运动时间。爬行、大小肌肉的练习、感统教具的操作等 午餐时间。喝奶，喝完奶后清洁口腔
12:00—15:00	餐后活动与睡眠时间。饮食后让宝宝玩 1 小时即可进入睡眠，睡眠时间为 1~1.5 小时 量体温、检查宝宝身体、随时检视 水果时间。给予四种综合果泥，富含维生素，增加宝宝的抵抗力
15:00—15:30	按摩时间。按摩可以帮助宝宝加快新陈代谢、减缓肌肉紧张；婴幼儿瑜伽有助于情绪的稳定、注意力的集中及安全感的建立
16:00—16:30	辅食时间。 依照宝宝的月龄给予适当分量的食物 探索游戏。每周安排主题不同的区角，投放相应玩具、教具，让宝宝自由选取、探索
16:30—17:00	量体温、检查宝宝身体、整理个人物品

表 5-3 15~24 个月幼儿的一日生活安排表

时　间	活动内容
8:00—10:00	迎接幼儿与家长，身心评估，亲师沟通，协助幼儿与家长说再见，量体温等 早餐管理、餐后清理 换尿布 / 如厕 观察自由探索活动 组织收拾与洗手活动

续表

时　间	活动内容
10:00—11:30	营养补给和餐后整理 换尿布 / 如厕 组织户外活动 指导收拾与洗手活动
11:30—12:30	餐前准备、午餐管理 餐后整理 换尿布 / 如厕 指导漱口、刷牙 静态活动：说故事
12:30—14:30	准备休息，放音乐、拍抚 午睡管理
14:30—15:30	组织起床 收拾寝具 换尿布 / 如厕 指导洗手活动和吃点心
15:30—17:00	组织音乐律动、说故事等活动 观察自由探索活动 组织游戏活动（室内或户外）
17:00	收拾用具 换尿布 / 如厕，准备回家 身心评估与记录 协助家长与幼儿重聚，亲师沟通，与幼儿说再见

2. 一日生活常规的要求

通过一日生活各环节的常规要求，为婴幼儿提供一个有序的生活环境。在有序的环境中，鼓励婴幼儿自己动手，学习吃饭、穿脱简单的衣裤和鞋袜、整理玩具，培养基本的生活自理能力，为婴幼儿适应托育机构中的集体生活打下良好的基础。我们可以参考下面某托育机构的常规要求，了解各环节的常规内容，并根据婴幼儿的年龄适当增减内容和调整难易程度。

案例

某托育机构一日生活常规（2~3岁）[①]

入园

①入园前，准备好一日所需物品。

②入园后，配合保健医生进行晨检。

③心情愉悦，积极入园，与老师进行晨间问候，“老师早上好”，对家长亲切地说“再见”。

④入园时，不带任何危险、尖锐的物品，不带零食。

⑤可独立把自己的物品放入物品柜，并自己尝试脱换合适衣物。

喝水

①当自己口渴时，会用语言向老师表达自己的需求，会用自己的口杯或水杯喝水。

②自己懂得排队取水或倒水，如需老师帮助，及时到老师面前或举手示意。

③喝水时，选择自己的位置坐好，以避免水呛入喉咙。

④喝完水后，把口杯或水杯放回原处。

⑤喝豆浆、牛奶等液体食物时坐下来喝，把杯子放在桌上，喝完后用杯子漱口，然后把杯子放回，用餐巾擦嘴。

盥洗

①盥洗时不拥挤。

②愿意进行洗手、洗脸、剪指甲等日常清洁活动。

③愿意学习科学、健康的洗手、洗脸的方法。

④大小便时自觉排队，会使用坐便器或蹲位，尝试自主脱穿衣物，便后洗手。

午餐

①自主寻找餐椅并坐下，胸口尽量贴近桌子，避免食物汤汁洒落。

②在安静温馨、轻松愉悦的就餐环境中，逐步养成按规律进餐、专注进餐、独立进餐的习惯。

---

① 案例由天津市河西保育院提供，有修改。

③安静、专心地进餐，不东张西望，不大声讲话，不长时间讲话。

④正确使用餐具。一只手拿着勺子，另一只手扶住碗。喝汤时可以端着碗喝，也可以使用勺子喝。

⑤不挑食，不用手抓食物，不剩饭菜。就餐过程中，细嚼慢咽，不着急，保持干净整洁的就餐环境。

⑥就餐完毕后，保证咀嚼完口中所有食物后再起身，以避免食物卡住喉咙。推回椅子，使椅子背贴紧桌子，之后，再离开饭桌，将餐具送回。

⑦饭后漱口、擦嘴、洗手。自主玩耍，不影响他人进餐。

午睡

①睡前尝试自主取被褥、铺被褥。

②午睡前上厕所、洗手，保持安静的氛围，不高声讲话或嬉笑喧闹，进入寝室或睡眠区，做入睡准备。

③自己尝试脱换衣物，不带小玩物上床，迅速盖好被（毯），不东张西望，安静入睡。

④中途若需要上厕所，要及时告知老师，不打扰其他小朋友午睡。

⑤安静起床，在老师的帮助下尝试自己穿衣服。

离园

①离园前，整理好玩教具并将其归位，上厕所、洗手，保持干净整洁。

②准备好自己的物品，摆放好自己的桌椅。

③主动脱换离园衣物，带好物品准备离园。

④离园时，与老师、同伴道别。

了解和熟悉一日生活常规是婴幼儿适应托育机构中集体生活的重要条件。好的规则具有以下特征。一是相对公平。班上的教师和小朋友都能共同遵守。二是简单。因为这些规则是从婴幼儿中产生的，自然不会太复杂，更容易让大家记住。三是婴幼儿知道并理解违反规则后将会有什么后果。四是规则运用一致。大家都要自觉遵守规则，不能区别对待，否则会影响效果。

（二）环境创设

环境既是婴幼儿生活、游戏和学习的场所，也是重要的教育资源。因此，托育机构不仅要重视创设安全、卫生、足够的物质环境，更要营造宽松的、充满温暖的心理环境。

1. 创设安全、卫生、足够的物质环境

创设安全的物质环境。婴幼儿生活的环境首先必须是安全的。要注意家具摆放的位置，使婴幼儿远离刀、热水瓶、药物等危险物品，保证门窗、栏杆等设施的牢固，以确保他们的安全。

创设卫生的物质环境。创设温度适宜、空气流通、光线柔和的睡眠环境。提供方便、卫生、易消毒的生活设施和玩具，为婴幼儿选购透气性强、宽松舒适的棉织衣物以及其他生活用品。比如，尿布更换区是托育机构中重要且使用频繁的空间，能够为照护者与婴幼儿提供安静而私密的一对一交流的机会。因此，更换台的高度要适宜，设施摆放要符合卫生、安全的工作标准，便于照护者快捷而安全地完成尿布更换工作。

提供足够的空间。托育机构在环境区域设计和划分时要给婴幼儿留出足够的活动空间，提供数量充足的、满足多种感知需要的玩具和材料，保证物品放置、取用方便，以满足婴幼儿的活动需要。比如，创设爬行自如的，能进行独自活动、平行活动、小群体活动的空间。各区域隔栏应低矮，方便照护者和婴幼儿互动。充分利用生活中的真实物品，挖掘其内含的多种教育价值，让婴幼儿在摆弄、操作物品中，获得各种感官体验，丰富其情绪体验。允许婴幼儿在柔软而又私密的空间独处，这样的方式可以让婴幼儿释放在团体活动中的压力。提供镜子之类的材料，这些可以帮助婴幼儿识别自己的情绪。提供丰富多样的沙子、黏土等材料，让婴幼儿自由地选择表达的方式。

2. 营造宽松的、充满温暖的心理环境

宽松、温馨、如家一般的环境有助于婴幼儿建立归属感，克服在家园之间过渡的困难。营造这样的环境时要注意以下几点。

满足婴幼儿受尊重的需要。以关爱、接纳、尊重的态度与婴幼儿积极、主动地交往，耐心倾听，努力理解婴幼儿的想法与感受，支持、鼓励婴幼儿大胆探索与表达。欣赏婴幼儿，做到及时赞许，坚持正面教育。

满足婴幼儿的情感需要。照护者应关爱和尊重婴幼儿，态度亲切、动作轻柔，并通过与婴幼儿适当的身体接触，满足婴幼儿对爱抚、亲近、搂抱的需求，培育安全的师幼关系。

满足婴幼儿的交往需要。为婴幼儿提供与成人、同伴积极交往的机会，保证每日与婴幼儿交流、共同游戏的时间。消除其怕生、退缩等心理，克服分离焦虑。比如，保持以蹲、跪、坐为主的平视方式，与婴幼儿面对面、一对一地交流。照护者的语速要慢，语句应简短、重复，语调可略显夸张。关注婴幼儿的自言自语。在婴幼儿自愿、自发的前提下，引导其多看、多听、多说、多动。

（三）亲子活动

亲子活动是婴幼儿和家长共同参与的活动。组织亲子活动时，应在尊重家长不同教养方式的前提下，给予其科学、合理的育儿指导。

1. 亲子活动的设计

亲子活动一般分为开始部分、基本部分、结束部分。开始部分主要进行活动准备，互相问候，并引导婴幼儿和家长集中注意力。基本部分是课程主体部分，展开各种各样的教育活动。结束部分进行总结，向家长布置家庭延伸活动，然后说再见。

案例

亲子活动：打招呼（10个月）

一、静心活动（5分钟）

（一）活动目标

1. 能够保持情绪安定、愉快。

2. 愿意参与活动。

（二）活动准备

音乐《敖包相会》。

（三）活动过程

1. 集合家长排队，讲解抱姿“前腹托抱”。确保宝宝的四肢能自然伸直，头保持自然状态。

2. 教师示范讲解基本舞步“踏踮步”。

3. 家长与宝宝跟着教师随音乐的节奏走线。音乐结束时，带着宝宝主动向教师和同伴问好。

二、相互问好（10分钟）

（一）活动目标

1. 感知不同的音色，培养听觉辨别力。

2. 愿意与他人互动。

（二）活动准备

节奏图谱、坐垫。

（三）活动过程

1. 教师出示节奏图谱，引导家长了解节奏型。

2. 教师用固定的节拍向宝宝问好，提示妈妈用相应的节奏型来回应教师。

3. 请一位爸爸同教师一起点名。当教师点到宝宝的名字时，妈妈要在宝宝的耳边轻轻回应“老师好”，同时引导宝宝招招手。当叔叔点到他的名字时，妈妈要贴在宝宝的耳边说“叔叔好”，同时引导宝宝招招手。

2. 亲子活动的指导策略

照护者在进行亲子活动的指导时应该注意以下几点。

第一，示范指导。直接向家长示范如何和婴幼儿互动。亲子活动不仅仅是家长带孩子参与的活动。在这个过程中，照护者要指导家长如何将托育机构中的教养方式和理念迁移并应用到家庭以及社会生活中。所以，为家长做好活动的示范，也有助于家长教养行为的改变。（图5–7）

第二，口头指导。在亲子活动中，照护者要随时发现问题、随时给予指导。

图 5-7　示范指导穿衣

有时，家长会因婴幼儿没有达到教师的要求而指责婴幼儿。请家长尝试使用下面的语句，这些语句可以帮助婴幼儿在活动后形成恰当的行为归因，有助于促进婴幼儿情绪与社会性的发展。

不用“你不明白”，用“你还没明白”；

不用“你做不到”，用“你还做不到”；

不用“你不擅长画画”，用“你还不擅长画画”。

让婴幼儿形成这样的归因方式：“我还……”

从“我不明白”到“我还没明白”，给婴幼儿乐观的情绪；

从“我做不到”到“我还做不到”，给婴幼儿坚持的信念；

从“我不擅长画画”到“我还不擅长画画”，培养婴幼儿的成长型思维，让他们明白自己的能力水平是随时可以提高的。

第三，集体指导与个别指导相结合。集体指导是指照护者针对家长中普遍存在的共性问题进行指导。个别指导是指针对婴幼儿和家长的个别差异，进行一对一的指导。两者在亲子活动中兼顾使用。

第四，兼顾对婴幼儿和家长的指导。在活动过程中，照护者既要积极指导婴幼儿，也要有意识地指导家长，让家长明白活动的目的和意义，学会如何指导婴幼儿。家长要明白自己不仅是陪伴者，更是学习者和婴幼儿的指导者。在教师的示范下，家长可以将活动延伸到家庭中。

第五，亲师沟通。在离园时，照护者要和家长分享与交流关于婴幼儿的一日信息，需要特别沟通的内容和婴幼儿的逸事可以写在沟通记录单上。沟通记录单可参考表 5-4。

表 5-4　某机构班级照护者记录表

儿童姓名：________　　日期：____年____月____日　　填表人________

时间	项目	逸事
7:30—8:30	○身体评估　○个别需求 ○自由探索　○喝奶	
8:30—9:30	发展学习：○儿歌　○律动　○自由探索 生活活动：○洗手　○更换尿布	
9:30—11:00	户外：○游戏　○散步 室内：○身体动作　○社会情绪 ○语言沟通　○认知探索 ○生活自理　○文化艺术 活动名称________________	
11:00—12:30	生活活动：○更换尿布　○洗手 ○整理寝具	
12:30—15:00	幼儿哄睡、身体评估、起床收拾	
14:30—17:00	发展学习：○身体动作　○社会情绪 ○语言沟通　○认知探索 ○生活自理　○文化艺术 活动名称________________ 其他________________ 生活活动：○更换尿布　○整理衣物	
特殊照护	○流鼻涕 ○红臀 ○体温微热 ○腹泻 ○便秘 ○其他	特殊行为：咬人、跌倒、情绪不稳定等

图片资源

亲子活动：大口吃

“大口吃”是托育机构中的亲子绘本活动。通过图片，我们可以看到托育机构中的照护者是如何借助绘本创设关于饮食习惯的生活情境，从而帮助幼儿建立起活动内容与日常饮食的联系的。

扫描二维码浏览图片，了解更多信息，试构想此活动的完整过程。

案例

亲子活动：两人玩浴巾球

活动准备

可以在家里的床上或在柔软、安全的垫子上进行。

教具：一条浴巾、波波球。

音乐：轻松、欢快的音乐。

活动目标

通过为一个共同的目标努力，锻炼与人配合的能力。

活动过程

1. 两人双手分别握住浴巾的一角。

2. 把波波球放在浴巾上。两人同时活动浴巾的两个角，使波波球在浴巾上滚来滚去。两人还可以通过拉扯浴巾，将波波球抛向空中再接住，不许使球掉到地上。

3. 一开始，妈妈和宝宝可以比较平和的方式玩。后来，爸爸同宝宝玩，可把球抛得很高再接住。宝宝这时要学会同爸爸合作，减少把球掉到地上的次数。

4. 宝宝学会同爸爸妈妈玩以后，就可以同小朋友玩这个游戏了。

活动延伸

可让宝宝与不同的人玩此游戏。不过应注意的是，一开始最好让宝宝与亲近的人一起玩。

（四）游戏活动

在托育机构中，婴幼儿大量的情绪、社会性学习是在一日生活和游戏中进行的。因此，照护者应根据婴幼儿的认知发展特点，精心选取教育内容，引导婴幼儿参加各种游戏活动，使其不断适应集体生活，体验与他人共同生活的乐趣。在经过精心设计的游戏活动中，婴幼儿已获得的零散的、片断的生活经验会逐渐系统化、整体化。

随着婴幼儿年龄的增长，可适当创设语言交流、音乐感受及肢体律动等集体游戏的氛围，引发他们的模仿学习；鼓励婴幼儿大胆涂鸦，表达自己的情感；引导婴幼儿主动与人打招呼，鼓励他们多与同伴共同游戏、积极交往；引导婴幼儿理解基本的社会行为规则，让他们感受交往的愉悦，发展其社会交往能力。

托育机构中的游戏活动既包括照护者组织的游戏活动，也包括婴幼儿在不同区域的自发游戏活动。下面我们主要介绍一下托育机构中由照护者组织的游戏活动的设计步骤。

1. 游戏活动的设计

托育机构中，有计划的游戏活动的设计可从活动目标、活动准备和活动过程三个部分进行。

制定活动目标和进行活动准备时要考虑婴幼儿的发展水平和兴趣。比如，娃娃家中娃娃的服装要易穿脱，其他材料要相对较大，保证婴幼儿不会误食等。婴幼儿喜欢推东西。手推车就是可选择的很好的材料。他们喜欢有把手的设备，喜欢转动时会打开的材料。同时，处于学步期的婴幼儿处于平行游戏阶段，易相互模仿，所以，同类型的玩具在数量上要足够多。

活动过程要根据婴幼儿的年龄设计，时间要适宜，内容要简明，形式要有趣，符合婴幼儿的认知水平和特点。主要分为以下环节：介绍活动和游戏材料，激发婴幼儿的兴趣；提供相关的背景和经验；提出问题，引发婴幼儿的探究实践活动；分享游戏活动的经验等。

案例

游戏活动：小动物学本领（1.5~2岁）

活动目标

学会自己穿脱小鞋。

活动准备

大象老师和小猪宝宝头饰各一个；小羊宝宝头饰若干（与婴幼儿人数相同）；自制的小鞋模型，上面分别画有笑脸和哭脸。

活动过程

1. 创设游戏情境："大象老师教我学穿鞋。"一名教师扮作大象老师，在小剧场中利用小鞋模型示范如何穿鞋。

儿歌：小小鞋，脚上穿；穿对了，头顶头；穿错了，歪着头。

2. 小猪宝宝（教师扮演）哭着走进教室，它把小鞋穿反了。大象老师边说儿歌边教它正确的方法，小猪宝宝笑了。

3. 小羊宝宝们自己尝试穿脱小鞋。

游戏活动：回家（1.5~2岁）

活动目标

1. 能够在成人的引导下推动小椅子，学会主动说"再见"。

2. 养成良好的行为习惯。

活动准备

托育机构活动室、头饰、小椅子等。

活动过程

老师扮作小动物保育院的大象老师："宝宝们，你们的妈妈来接你们啦！我喊谁的名字，谁就可以回家啦！"引导宝宝推动小椅子，与老师、小朋友说再见。幼儿的家长依次接走自己的宝宝。

2. 游戏中的支持与指导策略

①观察婴幼儿。在婴幼儿的游戏活动过程中，及时捕捉和记录他们行为的瞬间，用个案记录和逸事记录的方法，了解婴幼儿的游戏水平、兴趣、情绪与社会互动能力等，因人而异地为婴幼儿的发展制定个性化的培育方案。

②丰富婴幼儿的游戏经验。实地观察、亲身体验会丰富婴幼儿的游戏经验。照护者可根据婴幼儿的兴趣，提供相应的实地场景，丰富婴幼儿的经验。这有助于婴幼儿深入地开展游戏。

③和婴幼儿一起创设游戏区域，并及时更新游戏材料。根据婴幼儿的游戏兴趣和游戏环节的需要，创设和投放游戏材料，使游戏充满趣味性。这会引发他们的活动欲望，增加其社会交往的机会。

④保证充足的游戏时间。婴幼儿游戏时常常喜欢对简单的动作进行反复练习。照护者要注意给予他们足够的游戏时间。

⑤介入与指导。成人的言语和行为为婴幼儿的发展提供可供模仿的榜样。照护者可以适时进行示范，也可以通过举例进行引导。比如，当一个幼儿在玩积木时需要一块大积木，照护者可以适时表达“我有一块大积木，可以分享给你”，以这种方式来示范。除此之外，照护者也可以用以下方法，如向小组其他成员介绍新加入的婴幼儿的爱好，或建议新加入的婴幼儿扮演某个新角色，或给他一个适宜的玩具材料，帮助其加入小组活动中和把游戏继续进行下去等。

⑥认可婴幼儿，增进师幼间的互动。对婴幼儿正在做的事情表现出兴趣与关注，使用鼓励性语言。因为鼓励能够表现出对他人努力的认可，进而提高婴幼儿的自信心、恒心。

⑦提醒婴幼儿注意遵守规则，并干预婴幼儿参与不安全的游戏。若婴幼儿在游戏中出现了伤害他人身体和情感的做法，要及时制止。

拓展阅读

婴幼儿游戏的观察要点①

婴幼儿通常进行哪种游戏？游戏水平如何？

婴幼儿能否加入同伴的游戏中？

婴幼儿更喜欢和谁一起游戏？

婴幼儿能否将物体假装成其他的事物？如果能，请举例。

婴幼儿能否创造性地假想情境？如果能，请举例。

婴幼儿能否至少与一个同伴进行语言互动？如果能，请描述。

婴幼儿能否与他人合作进行角色扮演和情节设计？如果能，请举例。

婴幼儿能否进行 5 分钟以上的同一主题的游戏？

婴幼儿喜欢扮演哪种角色？

婴幼儿是否在游戏中成功地使用了不同的材料道具？

婴幼儿能否成功地与同伴协商？

四、对托育机构中婴幼儿情绪与社会性教育的评价

托育机构中，婴幼儿情绪与社会性教育的效果与质量如何，要通过评价才能确定。合理的评价有利于托育质量的提高，能保证婴幼儿获得科学、适宜的照护，从而更好地促进婴幼儿健康发展。

教育评价是根据一定的教育价值观或教育目标，运用可行的科学手段，通过系统地收集信息资料和分析整理，对教育目标、教育过程和教育结果进行价值判断，为提高教育质量和做出教育决策提供依据的过程。

---

① ［美］朱莉·布拉德：《0—8 岁儿童学习环境创设》，陈妃燕、彭楚芸译，264～265 页，南京，南京师范大学出版社，2014。

婴幼儿情绪与社会性教育评价的目的是了解婴幼儿真实的发展历程和潜能，为引导并促进每一个婴幼儿身心健康、和谐发展提供依据；了解婴幼儿托育工作的适宜性、有效性，调整和改进托育工作，提高托育质量；促进照护者与婴幼儿养育者之间的相互了解、支持合作和相互促进，形成托育合力。

婴幼儿情绪与社会性教育评价的参与者包括照护者、保健医生、家长、国家卫生健康委员会等行政部门与专业评价机构。托育机构中的照护者和保健医生是负责婴幼儿托育的专业人员，在婴幼儿托育评价工作中起主导作用，是婴幼儿托育评价的主要参与者。家长是婴幼儿最亲密、最直接的养育者，应及时了解、掌握婴幼儿的发展信息，科学掌握托育评价的要求、内容和方式方法，成为婴幼儿托育评价的重要参与者。行政部门与专业评价机构对托育评价工作的实施起着监督和指导作用。

婴幼儿情绪与社会性教育评价的内容主要包括对婴幼儿情绪与社会性发展的评价和对托育机构中相关要素的评价。

（一）对婴幼儿情绪与社会性发展的评价

0~3 岁是婴幼儿迅速成长与发展的时期。对他们的发展情况进行及时了解和评价是实施有效教育的重要环节。对这一年龄阶段婴幼儿的评价是由家长、保健医生、照护者来完成的。评价主要在婴幼儿一日生活中进行，即通过照护者、家长、保健医生的配合，共同观察婴幼儿日常生活状态下的行为表现。比如，托育机构中的照护者可以通过填写观察记录表（表 5-5），了解婴幼儿情绪与社会性的发展状况。

表 5–5 “今天吃什么？”观察记录表①

班级：　　　　　　　　　　　　　　记录者：

<table>
<tr><td>观察要点</td><td colspan="6">1. 喜欢吃各种食物
2. 能够说出食物的名称</td></tr>
<tr><td>等级与描述</td><td colspan="6">A. 不挑食，表现出对饭菜有兴趣；能够说出食物的名称
B. 不挑食，能够说出部分食物的名称
C. 挑食，能够说出部分食物的名称
D. 挑食，不能说出食物的名称</td></tr>
<tr><td rowspan="2">孩子姓名</td><td rowspan="2">月龄</td><td colspan="5">观察与检测</td></tr>
<tr><td>A</td><td>B</td><td>C</td><td>D</td><td>没有玩</td></tr>
<tr><td></td><td></td><td></td><td></td><td></td><td></td><td></td></tr>
<tr><td></td><td></td><td></td><td></td><td></td><td></td><td></td></tr>
<tr><td></td><td></td><td></td><td></td><td></td><td></td><td></td></tr>
<tr><td>其他情况</td><td colspan="6">（可记录个别孩子的具体行为及照护者想要记录的相关内容）</td></tr>
</table>

（二）对托育机构中相关要素的评价

对托育工作和托育指导适宜性的评价，宜采用在托育活动过程中进行观察和观摩，对照护者、家长进行访谈和问卷调查，并查阅教学计划、规章制度等相关文件资料的方式来进行。在对托育工作和托育指导适宜性的评价中，要发挥照护者的积极主动性，通过自我评价，促进其对托育工作的反思；同时，结合照护者群体的合作研讨以及婴幼儿家长的意见反馈，全面、深入地评价。托育机构中有

① 上海市社区幼儿托管点实事项目领导小组办公室：《社区托育课程方案观察记录》，150 页，上海，中国中福会出版社，2018。

关婴幼儿情绪与社会性教育的评价要素主要包括机构环境、托育活动和照护者。

1. 对机构环境的评价

机构环境对婴幼儿情绪与社会性发展十分重要。托育机构应当配备符合婴幼儿月龄特点的家具、玩具、图书等，同时确保其符合国家相关安全质量标准。

对材料、空间、时间与人的有效组织，有助于照护者和婴幼儿之间建立正向的关系，使照护者有更多的时间观察婴幼儿，促进婴幼儿与同伴和照护者的高质量互动，有助于托育目标的实现。对机构环境的评价主要从以下几个方面来进行。

第一，安全与卫生。安全与卫生是机构环境评价中的首要因素。保证婴幼儿生命健康是托育机构的首要任务。应注意如电源、出入口等的设置，防止婴幼儿触电、走失或发生其他突发情况。室内软硬适度的地面可以在婴幼儿摔倒时起到保护作用，户外的草地也可以使婴幼儿在摔倒时减少一些擦伤。同时，确保各种器械坚固、耐用以及保养和清洁及时等也是保证婴幼儿活动安全的重要条件。适宜的温度、光线、通风情况、色彩等会使婴幼儿产生更多的舒适感和愉快的情绪。

第二，符合婴幼儿的年龄特点。对机构环境的评价要考虑环境是否有助于 3 岁以下婴幼儿的身心发展。比如，柔软的地毯可以让婴幼儿坐下来，也可以降低噪声，有利于社会互动。充足的同类型的教具等材料适合婴幼儿开展独自游戏或平行游戏。大小合适的材料，如座椅、餐具，有助于增加舒适感，减缓婴幼儿的疲劳。

第三，适宜的空间分隔与材料投放。对机构环境的评价也要考虑是否有个体的私人空间，私人空间有利于个体情绪的调整；是否有小组活动的空间，小组活动的空间有利于同伴之间的交往与互动；是否在空间安排时将安静区和喧闹区分隔开来；是否创设了不同的活动区域，不同的活动区域可为婴幼儿提供学习相同技能的不同方式，当婴幼儿有机会选择自己感兴趣的活动时，他们的主动性和坚持性就会提高。

投放的材料应有序、完整、有用。这样的材料不仅有助于婴幼儿的秩序感、规则意识、自理能力、亲社会行为的形成，也有助于减少婴幼儿问题行为的出现。

2. 对托育活动的评价

对托育活动的评价主要包括对一日生活安排和组织的评价、对游戏活动的评价。

（1）对一日生活安排和组织的评价

对一日生活安排和组织的评价主要考量的是区域活动的时间安排、各环节的过渡和常规的制定是否科学。比如，生活作息制度制定科学，饮食、睡眠、运动、游戏等各项活动安排合理，均有利于满足婴幼儿生长发育的需要。

（2）对游戏活动的评价

对游戏活动的评价可划分为活动方案评价、实施过程评价、实施效果评价三个大的方面。

活动方案评价。重点关注活动方案是否合理，能否真正满足婴幼儿的发展需要。在托育机构里，不应对游戏活动进行过早的分类。根据婴幼儿的兴趣爱好，从不同领域介入的游戏活动应该包含多重目标，要突出目标的适宜性，内容的生活化、经验化和丰富性，关注婴幼儿生命的整体性的发展。

实施过程评价。游戏作为婴幼儿最喜爱的活动，在追求其本体价值——愉悦与享乐功能的同时，也能自发地促进婴幼儿身体、认知、情感与社会性的发展。在实施过程评价方面，要关注以下几点：婴幼儿的表现，照护者的表现，照护者、家长和婴幼儿的多方互动；环境与资源的利用情况；活动的实施是否突出了生活性，是否做到了保中有教、教中有保、自然渗透、教养合一。

实施效果评价。实施效果评价主要包括对婴幼儿发展的评价、对照护者发展的评价和对家长发展的评价。

对婴幼儿发展的评价可通过分析他们的作品或观察他们的行为表现，了解婴幼儿是否体验到了活动的快乐、在活动中是否掌握了一些行为技能、自我与人际交往等方面是否有所发展。

对照护者发展的评价主要关注照护者是否通过活动后的反思，进一步改进与完善了自己的教育行为，提升了自己的专业水平。

家长与婴幼儿同为托育活动的服务主体，家长的发展也同样很重要。家长是否学到了科学的育儿知识和育儿方法、是否更新了教育观念等都是对家长发展的评价应关注的内容。

拓展阅读

保育管理

《托育机构管理规范（试行）》中提到了对保育管理的要求。

第十六条　托育机构应当科学合理安排婴幼儿的生活，做好饮食、饮水、喂奶、如厕、盥洗、清洁、睡眠、穿脱衣服、游戏活动等服务。

第十七条　托育机构应当顺应喂养，科学制定食谱，保证婴幼儿膳食平衡。有特殊喂养需求的，婴幼儿监护人应当提供书面说明。

第十八条　托育机构应当保证婴幼儿每日户外活动不少于 2 小时，寒冷、炎热季节或特殊天气情况下可酌情调整。

第十九条　托育机构应当以游戏为主要活动形式，促进婴幼儿在身体发育、动作、语言、认知、情感与社会性等方面的全面发展。

第二十条　游戏活动应当重视婴幼儿的情感变化，注重与婴幼儿面对面、一对一的交流互动，动静交替，合理搭配多种游戏类型。

第二十一条　托育机构应当提供适宜刺激，丰富婴幼儿的直接经验，支持婴幼儿主动探索、操作体验、互动交流和表达表现，发挥婴幼儿的自主性，保护婴幼儿的好奇心。

第二十二条　托育机构应当建立照护服务日常记录和反馈制度，定期与婴幼儿监护人沟通婴幼儿发展情况。

3. 对照护者的评价

好的照护者要有爱心，愿意和婴幼儿沟通，除具备婴幼儿保健、营养、心理和教育方面的知识外，亲和力、观察力、应变能力等方面的素质也是必不可少的。

照护者与婴幼儿的互动品质是婴幼儿情绪与社会性教育评价的关键。其中包括是否对婴幼儿的发展水平与经验有了解；是否帮助婴幼儿熟悉环境和他人，帮助其参加团体活动；是否有正向的行为示范以及对婴幼儿的支持与鼓励等；每天是否通过一定的渠道与家长沟通有关婴幼儿吃、睡、玩的情况，和家长一起商量解决婴幼儿的发展问题等。

美国全美幼教协会对早教人员应具备的专业素养提出了严格而一致的标准：能够与婴幼儿保持积极愉悦的互动，并成为促进婴幼儿发展的力量；以对婴幼儿行为表现的观察和评价为设计个性化课程和设置课程计划的依据；善于为婴幼儿营造和保持健康、安全的心理和物理环境；能够与家长建立有效的沟通方式；对婴幼儿发展有着深刻的理解和体悟，能够在实践中运用所学的心理学、教育学知识等。这些标准可为我们对托育机构中的照护者进行评价提供借鉴。

拓展阅读

专业合格的照护者

托育机构的保教质量主要取决于每天跟婴幼儿相处的照护者的质量。而照护者应具备的素质，除了爱心、耐心之外，最重要的是专业的职业素养。

师生互动：

□ 照护者乐于亲近孩子，有亲和力且情绪稳定，经常对孩子微笑，会蹲下倾听孩子，拥抱、轻拍孩子。

□ 照护者能聆听孩子的话语，尊重孩子，并充满兴趣地回应。

□ 照护者能欣赏孩子的优点，常以具体的赞美语言鼓励孩子的正面行为。

□ 照护者对孩子的情绪变化敏感，能接纳孩子的情绪。例如，“你现在一定很伤心，才会哭得这么大声”。

（负面、不当的反应是：“你不许哭，听到没有？”）

□ 照护者能从容、平和地处理孩子的不良行为。

（不以打骂、处罚的方式处理孩子的不良行为。）

□ 照护者能尊重个别差异，接纳孩子不同的能力与学习步调。

□ 照护者会鼓励孩子表达自己的想法与感受。

亲师沟通：

□ 照护者乐意与家长谈论孩子在园的行为表现，并提供如何引导孩子正向学习的方式。

□ 园所会提供多元的亲师沟通渠道及教养新知识，如张贴布告栏、设计联络簿和亲职手册、举办亲师座谈会。

□ 园所会规划家长可参与的托育活动，如到校观察课堂教学、参与户外教学、带领晨间说故事活动等。

本章小结

本章主要介绍了托育机构中婴幼儿情绪与社会性教育的生活性、渗透性、活动性、一致性的特点；提出了婴幼儿情绪与社会性教育的方法，包括情境体验法、角色游戏法、活动练习法、言语指导法；针对托育机构中婴幼儿情绪与社会性教育活动的不同类型，详细解读了托育机构情绪与社会性教育活动设计与实施的步骤与要求；此外，介绍了托育机构中对婴幼儿情绪与社会性教育的评价。

小任务

任务1 参考下例，选择一些人、事、物进行正面表达，并与他人交流和讨论。

比如，“禁止踩踏草坪”可以改为“请爱护花圃里的一草一木”；将“不要在墙壁上乱涂乱画”改为“请保持墙面清洁”等。

鼓励孩子的话，如“今天我们一起玩得很高兴！”“你看起来好像很喜欢……”“你已经尽了最大努力，顺其自然吧！”“谢谢帮忙，这样我的工作就顺利多了”“你在 ×× 方面有天赋！”“你能帮我的忙吗？”。

任务2 以小组的形式，参考以下句式进行共情训练。

参考句式一：表达对对方情绪的理解。

“你现在的感受是……因为……”

“你感觉……因为……”

“你感到……因为……”

参考句式二：表达对对方意图的理解。

“你想说的是……”

“你现在最希望……”

“你的意思是……”

参考句式三：表达对对方情绪与意图的尊重。

“我理解你的感受，我知道这对你来说很重要。”

“我能理解这种心情，我知道这种事处理起来很难。”

参考句式四：以具体的行为表达对对方的关心。

“需要我为你做些什么吗？”

“你看我能为你做些什么？”

参考句式五：表达不同观点的方法。

“你的话有道理，但是，我还有一点不同的意见……”

“你的观点挺新颖，不过，我有一点不同的看法……”

任务3 参考下例，使用提供的观察记录表（表 5-6），选择一名幼儿，对其初入园的情绪状况进行观察记录。

观察时间：2010 年 11 月 20 日。

观察对象：程程（托班）。

观察目的：了解程程入园焦虑的具体体现。

观察方法：事件取样观察法。

表 5-6　观察记录表[①]

编号	时间	地点	发生背景	做了什么	行为性质	结果
1	7:30（入园时间）	教室门口	程程是一名新来园的幼儿	程程双手紧紧地抱着妈妈的脖子，大声地哭喊着	离开亲人	程程被老师抱了进来
2	8:20（早饭时间）	餐桌旁	小朋友们都在自己吃饭	程程看了看碗里的粥，大声地哭喊着："我要找妈妈……"	不会进餐	老师给程程喂饭
3	11:50（午睡时间）	寝室	老师带小朋友们去寝室睡觉	程程站在床上，一边用手擦眼泪，一边喊"你给妈妈打电话"	难以入睡	老师拍着程程，告诉程程一会儿就给妈妈打电话

分析：程程的入园焦虑在入园时、进餐时和午睡时都有体现。教师可以根据观察到的行为事件进行干预。

任务4　请参考本章对托育活动的评价要求，对下面的活动进行评价。

托育活动：我爱洗澡（1.5 岁）

活动目标

1. 能跟着音乐有节奏地扭动肢体，感受洗澡的快乐。

2. 萌发喜欢洗澡的情绪。

活动准备

1.《我爱洗澡》音乐，洗澡用品幻灯片。

2. 布娃娃一个，脸盆（替代浴缸）一个，香皂一块，毛巾一块。

活动过程

1. 布娃娃来洗澡。

（1）出示布娃娃。布娃娃伤心地说："小朋友们每天都和我玩，把我弄得很

① 黄锐：《幼儿行为分析与教育对策》，34 页，北京，中国轻工业出版社，2012。

脏。现在我是个脏娃娃了，没有人愿意和我玩了！”“布娃娃你别哭，我们来帮助你吧！”

（2）教师扮演妈妈，给布娃娃洗澡。“妈妈”说：“宝宝，宝宝，该洗澡了！”“妈妈”把“宝宝”放进浴缸里，先洗头发，然后洗身体。“搓上香皂嚓嚓，嚓嚓。搓搓脖子搓搓背，滑溜溜的泡泡满身跑。嚓嚓，嚓嚓。搓搓胳膊搓搓脚，亮晶晶的泡泡满屋飞。宝宝乐得哈哈笑。”

2. 大家来洗澡。

（1）布娃娃是怎样洗澡的？请幼儿用语言或动作来表达。

（2）布娃娃洗澡时都用到了什么东西？我们洗澡的时候都会用到哪些东西？用这些东西来干什么？（播放幻灯片）

（3）播放音乐。在前奏部分，教师边喊“宝宝们，洗澡啦”，边做拧水龙头的动作，然后给每个幼儿“抹香皂”，带领幼儿跟随音乐有节奏地扭动。

（4）请幼儿跟着音乐来“洗澡”。引导幼儿跟着音乐有节奏地扭动。教师观察幼儿的参与情况，给予幼儿及时表扬。

3. 香宝宝来了。

（1）在家里洗完澡后会抹什么？

（2）表演结束，给幼儿“抹香粉”。教师闻一闻幼儿，欣喜地告诉幼儿“香极了”。

常见问题解答

问题1　如何设置托育机构中的“安静角”？

解答　托育机构中的“安静角”是帮助婴幼儿疏解情绪、排解压力，供婴幼儿放松、独处的地方。安静角设置的前提是要让所有婴幼儿事先知晓，当有负面情绪时，可以在这个固定的地方冷静与放松，因为如果婴幼儿没有事先知晓，这样做就等于惩罚。同时要注意，这个地方应远离喧杂，要安全，有舒适、柔软的坐垫或座椅，有可以让婴幼儿疏解情绪的材料或玩具。另外要知道，让婴幼儿去安静角不是无视婴幼儿，照护者应在附近安静地陪伴。让婴幼儿在规定的地方放松、发泄情绪并逐渐平静，这样既不会激怒成人，挑战照护者的耐心，也能避免影响其他婴幼儿的活动。照护者要在婴幼儿的情绪逐渐平缓后，引导婴幼儿表达自己的需求与感受，帮助婴幼儿面对困难与问题，而不要批评与责备婴幼儿。

问题2 怎样培养婴幼儿的规则意识呢?

解答 成人往往会把婴幼儿的行为分为三种，即应该鼓励的行为、可以容忍的行为和需要改变的行为。要想培养婴幼儿的规则意识，可以试试下面这个方法。

照护者可以在三张纸上分别贴上红色的、黄色的、绿色的圆形，分别代表红灯、黄灯、绿灯。然后，将受到成人赞许和肯定的幼儿行为的标识贴在有绿灯标记的纸上，如婴幼儿主动分享玩具、安静地进餐、帮助别人收玩具等。“绿色”的行为应该得到大家的鼓励和称赞，其他小朋友都可以模仿和学习，就像我们在绿灯亮时可以继续前行一样。对于那些既不赞成也不鼓励的行为，照护者可以将其标识贴在有黄灯标记的纸上。我们虽然不能积极鼓励这种行为，但还可以容忍，因为婴幼儿还处于学习和容易犯错的时期。这些行为包括在墙壁上涂抹、生气和遇到挫折时在房间里扔玩具等。当然，婴幼儿在紧张或不安时也可能导致适宜行为的暂时倒退，如尿床等。这应该被认为是可容忍但需要被告诫的“黄色”的行为。具有伤害性和不安全的行为是应被制止并要求婴幼儿改变的“红色”的行为。

问题3 在日常生活中，很多婴幼儿都出现过因父母未按时来接而焦急万分的情况。例如，一个 2 岁多的男孩因妈妈没有按时来接而哭闹不止，照护者一再告诉他“妈妈很快就会来”，可是，男孩听到这些反而哭得更厉害了。这是为什么？如何处理会更好呢?

解答 孩子之所以哭得更厉害了，可能是因为他的感受没有被理解。照护者可以这样说：“你妈妈这么晚还没来，我很担心……不过我想不会有什么事的……大概是堵车了。”这种示范会起到三种作用。

①说出了（而不是隐瞒）他的感受。

②描述了他的想法。

③演示了处理焦急和恐惧心理的技巧，而且这也会拉近照护者和婴幼儿之间的距离。

问题4　如何处理家长对托育机构的投诉？

解答

①从倾听开始。当遇到家长反映或投诉一些问题时，托育机构工作者要耐心倾听家长的陈述，引导家长把所有的问题、看法、疑惑等都表述清楚，在倾听中梳理家长的真实诉求。

②认同家长的感受。对家长陈述的问题进行回应和确认；认同家长对一系列问题的感受，接纳他们表述时的情绪反应。

③立即响应。针对家长反映的问题，立即做出回应，一一查看，澄清沟通与认识上的误解，落实对存在问题的处理措施。

④持续反馈。针对家长反映、投诉的问题的解决情况，通过多种方式做持续的跟进，了解托育机构后续的改进情况以及家长的认可情况。

⑤超越期望。不仅要针对家长反映的某个问题，尽最大的努力，做到让家长满意，而且应针对此类问题，做出超出家长预期的回应与改进，赢得家长的信任，构建良好的家园关系。

参考文献

［1］周梅林. 学前儿童社会教育活动指导：第2版［M］. 上海：复旦大学出版社，2009.

［2］芭芭拉·安·尼尔森. 一周又一周——儿童发展记录：第3版［M］. 叶平枝，孟亭含，等译. 北京：人民教育出版社，2011.

［3］陈帼眉，冯晓霞，庞丽娟. 学前儿童发展心理学［M］. 北京：北京师范大学出版社，2003.

［4］李幼穗. 儿童社会性发展及其培养［M］. 上海：华东师范大学出版社，2004.

［5］朱智贤. 心理学大词典［M］. 北京：北京师范大学出版社，1989.

［6］徐慧，张建新，张梅玲. 家庭教养方式对儿童社会化发展影响的研究综述［J］. 心理科学，2008（4）.

［7］王争艳，武萌，赵婧. 婴儿心理学［M］. 杭州：浙江教育出版社，2015.

［8］王振宇. 学前儿童发展心理学［M］. 北京：人民教育出版社，2004.

［9］杨丽珠，吴文菊. 幼儿社会性发展与教育［M］. 大连：辽宁师范大学出版社，2000.

［10］朱智贤，林崇德. 儿童心理学史［M］. 北京：北京师范大学出版社，1988.

［11］邹晓燕. 学前儿童社会性发展与教育［M］. 北京：北京师范大学出版社，2015.

［12］劳拉·E. 伯克. 伯克毕生发展心理学　从0岁到青少年：第4版［M］. 陈会昌，等译. 北京：中国人民大学出版社，2014.

［13］罗斯·D. 帕克，阿莉森·克拉克－斯图尔特. 社会性发展［M］. 俞国良，郑璞，译. 北京：中国人民大学出版社，2014.

［14］马乔里 · J. 克斯特尔尼克．儿童社会性发展指南理论到实践［M］．邹晓燕，等译．北京：人民教育出版社，2009.

［15］钱文，俞晖．婴幼儿社会性发展与教育［M］．上海：上海科技教育出版社，2019.

［16］钱文．0—3 岁儿童社会性发展与教育［M］．上海：华东师范大学出版社，2014.

［17］孙进．德国幼儿园如何过渡分离焦虑期？［J］．基础教育论坛，2015（12）.

［18］黄锐．幼儿行为分析与教育对策［M］．北京：中国轻工业出版社，2012.

［19］李丹．儿童发展心理学［M］．上海：华东师范大学出版社，1987.

［20］江钟立．人体发育学：第 2 版［M］．北京：华夏出版社，2011.

［21］丁艳华．母婴依恋关系的影响因素及其对幼儿期认知和行为发展作用的研究［D］．上海：复旦大学，2012.

［22］刘凌．婴儿自我认知的发生、发展及其与母婴依恋的关系［D］．大连：辽宁师范大学，2009.

［23］朱莉 · 布拉德．0—8 岁儿童学习环境创设［M］．陈妃燕，彭楚芸，译．南京：南京师范大学出版社，2014.

［24］上海市社区幼儿托管点实事项目领导小组办公室．社区托育课程方案观察记录［M］．上海：中国中福会出版社，2018.